BENEDIKT XVI.

DER PAPST
IN DEUTSCHLAND

Begleitet von Michael Hesemann

BENEDIKT XVI.

DER PAPST
IN DEUTSCHLAND

Begleitet von Michael Hesemann

Sankt Ulrich Verlag

Bibliographische Information der Deutschen Bibliothek

Die Deutsche Bibliothek verzeichnet diese Publikation in der
Deutschen Nationalbibliographie; detaillierte bibliographische Daten
sind im Internet über http://dnb.ddb.de abrufbar

Titelbild: Stefano Spaziani, © Thomas Röske / Fotolia
Umschlaggestaltung: uv media werbeagentur
Mediengruppe Sankt Ulrich Verlag, Augsburg
Druck und Bindung: Ludwig Auer GmbH, Donauwörth
Printed in Germany
ISBN: 978-3-86744-184-1
www.sankt-ulrich-verlag.de

INHALT

Verehrte Damen und Herren,
liebe Landsleute!

In wenigen Tagen werde ich zu meiner Reise nach Deutschland aufbrechen, und ich freue mich schon darauf. Ich freue mich besonders auf Berlin, wo es viele Begegnungen geben wird, natürlich auf die Rede im Bundestag und auf den großen Gottesdienst, den wir im Olympiastadion feiern dürfen.

Ein Höhepunkt der Reise wird Erfurt sein: Im Augustinerkloster, in der Augustinerkirche, in der Luther seinen Weg begonnen hat, darf ich mich mit Vertretern der Evangelischen Kirche Deutschlands treffen. Wir werden dort miteinander beten, auf das Wort Gottes hören, miteinander denken und sprechen. Wir erwarten keine Sensationen. Das eigentlich Große daran ist eben dies, daß wir miteinander an diesem Ort denken, das Wort Gottes hören und beten, und so inwendig beieinander sind und sich wahrhaft Ökumene ereignet.

Etwas Besonderes ist für mich die Begegnung mit dem Eichsfeld, diesem kleinen Landstrich, der durch alle Verwirrungen der Geschichte hindurch katholisch geblieben ist; und dann der Südwesten Deutschlands, mit Freiburg, der großen Stadt, mit vielen Begegnungen, die dort sein werden, besonders mit einer Vigil für die Jugend, mit dem großen Gottesdienst, der die Reise abschließt.

All dies ist nicht religiöser Tourismus und noch weniger eine Show. Worum es geht, sagt das Leitwort dieser Tage: „Wo Gott ist, da ist Zukunft". Es soll darum gehen, daß Gott wieder in unser Blickfeld tritt, der so oft ganz abwesende Gott, dessen wir doch so sehr bedürfen.

Sie werden mich vielleicht fragen: „Gibt es Gott überhaupt? Und wenn es ihn gibt, befaßt er sich überhaupt mit uns? Können wir bis zu ihm vordringen?" Nun, es ist wahr: Wir können Gott nicht auf den Tisch legen, wir können ihn nicht wie ein Gerät anrühren oder wie irgendeine Sache in die Hand nehmen. Wir müssen die Wahrnehmungsfähigkeit für Gott, die in uns da ist, wieder neu entwickeln. In der Größe des Kosmos können wir etwas ahnen von der Größe Gottes. Wir können die Welt technisch nützen, weil sie rational gebaut ist. In dieser großen Rationalität der Welt ahnen wir etwas von dem Schöpfergeist, von dem sie kommt, und wir können in der Schönheit der Schöpfung doch etwas von der Schönheit, Größe und auch von der Güte Gottes sehen. Wir können im Wort der Heiligen Schrift Worte ewigen Lebens hören, die nicht einfach nur von Menschen kommen, sondern die von Ihm herkommen, in denen wir seine Stimme hören. Und endlich, in der Begegnung mit Menschen, die von Gott angerührt worden sind, sehen wir gleichsam Gott. Ich denke nicht nur an die großen – von Paulus über Franz von Assisi bis zu Mutter Teresa –, sondern an die vielen einfachen Menschen, von denen niemand spricht. Und doch, wenn wir ihnen begegnen, geht von ihnen etwas von Güte, von Lauterkeit, von Freude aus, daß wir wissen, da ist Gott, und daß er uns anrührt. Darum wollen wir uns in diesen Tagen mühen, daß wir Gott wieder zu Gesicht bekommen, daß wir selber Menschen werden, von denen ein Licht der Hoffnung in die Welt hereintritt, das Licht von Gott her ist und uns leben hilft.

(Papst Benedikt XVI. im „Wort zum Sonntag",
Samstag, 17. September 2011)

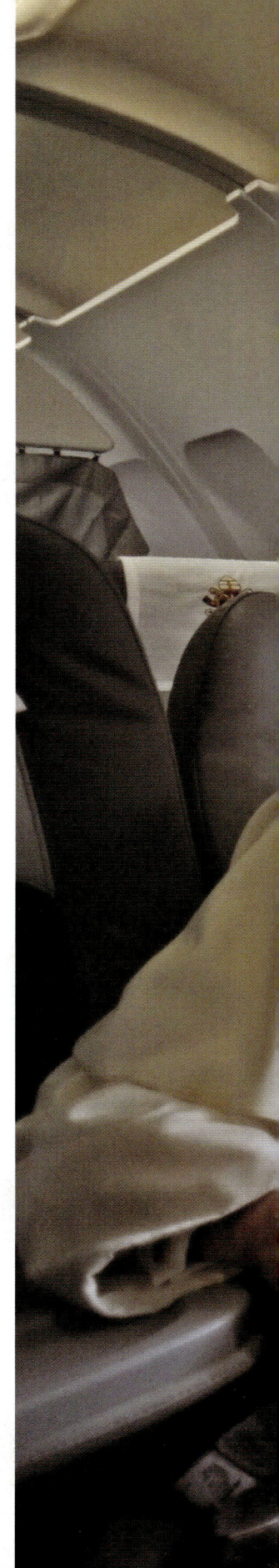

Hölderlin hat gesagt: Am meisten vermag doch die Geburt. Und das spüre ich natürlich auch. Ich bin in Deutschland geboren, und die Wurzel kann nicht abgeschnitten werden und soll nicht abgeschnitten werden. Ich habe meine kulturelle Formung in Deutschland empfangen. Meine Sprache ist deutsch, und die Sprache ist die Weise, in der der Geist lebt und wirksam wird. Meine ganze kulturelle Formung ist dort geschehen. Wenn ich Theologie treibe, tue ich es aus der inneren Form heraus, die ich an den deutschen Universitäten gelernt habe; und leider muß ich gestehen, daß ich immer noch mehr deutsche als andere Bücher lese, so daß in meiner kulturellen Lebensgestalt dieses Deutschsein sehr stark ist. Die Zugehörigkeit zu dieser eigenen Geschichte mit ihrer Größe und ihrer Schwere kann und soll nicht aufgehoben werden. Aber bei einem Christen kommt schon etwas anderes dazu. Er wird in der Taufe neugeboren, in ein neues Volk aus allen Völkern hinein, in ein Volk, das alle Völker und Kulturen umfaßt und in dem er nun wirklich ganz zuhause ist, ohne seine natürliche Herkunft zu verlieren. Wenn man dann eine große Verantwortung – wie ich die oberste Verantwortung – in diesem neuen Volk übernimmt, ist klar, daß man immer tiefer in dieses hineinwächst. Die Wurzel wird zum Baum, der sich vielfältig erstreckt, und das Daheimsein in dieser großen Gemeinschaft eines Volkes aus allen Völkern, der katholischen Kirche, wird lebendiger und tiefer, prägt das ganze Dasein, ohne das Vorherige aufzuheben. So würde ich sagen: Es bleibt die Herkunft, es bleibt die kulturelle Gestalt, es bleibt natürlich auch die besondere Liebe und Verantwortung, aber eingebettet und ausgeweitet in die große Zugehörigkeit, in die *Civitas Dei* hinein, wie Augustinus sagen würde, das Volk aus allen Völkern, in dem wir alle Brüder und Schwestern sind.

(Papst Benedikt XVI.
auf dem Flug nach Berlin)

Interview im Flugzeug

Pater Lombardi: Heiliger Vater, in den letzten Jahren gab es in Deutschland eine Zunahme der Kirchenaustritte, teilweise auch wegen des Mißbrauchs Minderjähriger durch Mitglieder des Klerus. Wie stehen Sie zu diesem Phänomen, und was würden Sie denen sagen, die die Kirche verlassen wollen?

Benedikt XVI.: Unterscheiden wir vielleicht zunächst die besondere Begründung derer, die über diese Verbrechen empört sind, die in letzter Zeit aufgedeckt wurden. Ich kann verstehen, daß jemand im Licht solcher Informationen – vor allem wenn sie einem nahestehende Menschen betreffen – sagt: „Das ist nicht mehr meine Kirche. Die Kirche war für mich eine Kraft der Humanisierung und der Sittlichkeit. Wenn Vertreter der Kirche das Gegenteil tun, kann ich in dieser Kirche nicht mehr leben." Das ist eine Sondersituation. Im allgemeinen sind die Gründe vielfältig, im Kontext der Säkularisierung unserer Gesellschaft. Und diese Austritte sind gewöhnlich der letzte Schritt eines langen Weges der Entfernung von der Kirche. In diesem Zusammenhang scheint es mir wichtig, sich zu fragen und zu überlegen: „Warum bin ich in der Kirche? Bin ich in der Kirche wie in einem Sportverein, einem Kulturverein usw., wo ich meine Interessen habe, und wenn diese nicht mehr berücksichtigt werden, dann trete ich aus; oder ist in der Kirche zu sein etwas Tieferes?" Ich würde sagen, es wäre wichtig zu erkennen, daß in der Kirche zu sein nicht bedeutet, in irgendeinem Verein zu sein, sondern im „Netz" des Herrn, in dem er gute und schlechte Fische aus den Wassern des Todes ans Land des Lebens zieht. Es kann sein, daß ich in diesem Netz ausgerechnet neben schlechten Fischen bin und daß ich das spüre, doch bleibt wahr, daß ich da nicht wegen diesem oder jenem bin, sondern weil es das Netz des Herrn ist. Es ist etwas anderes als alle menschlichen Vereine, eine Wirklichkeit, die den Grund meines Seins berührt. Wenn wir mit diesen Menschen sprechen, dann – denke ich – müssen wir der Frage auf den Grund gehen: Was ist die Kirche? Worin besteht ihre Verschiedenheit? Warum bin ich in der Kirche, auch wenn es da schreckliche Skandale und entstellte Menschlichkeit gibt? Und wir müssen so das Bewußtsein erneuern für die Besonderheit dieses Kircheseins, des Volkes aus allen Völkern, das das Volk Gottes ist; und müssen so lernen, auch die Skandale zu ertragen und gegen diese Skandale anzugehen, gerade da man sich drinnen, in diesem großen Netz des Herrn befindet.

Pater Lombardi: Danke, Heiligkeit. Es ist nicht das erste Mal, daß Personengruppen sich Ihrem Kommen in ein Land entgegenstellen. Das Verhältnis Deutschlands zu Rom ist traditionell kritisch, zum Teil sogar in katholischen Kreisen. Die Kontroversthemen sind seit langem bekannt: Kondom, Eucharistie, Zölibat. Vor Ihrer Reise haben auch Parlamentarier kritische Positionen eingenommen. Aber auch vor Ihrer Reise nach Großbritannien schien die Stimmung nicht gerade freundschaftlich, und dann ist es gut ausgegangen. Mit welchen Gefühlen begeben Sie sich jetzt in Ihre alte Heimat und werden Sie sich an die Deutschen wenden?

Benedikt XVI.: Vor allem würde ich sagen: In einer freien Gesellschaft und in einer säkularisierten Zeit ist es normal, daß es Oppositionen gegen einen Besuch des Papstes gibt. Es ist auch recht – ich respektiere sie alle –, daß sie diesen ihren Widerspruch zum Ausdruck bringen: Das gehört zu unserer Freiheit, und wir müssen zur Kenntnis nehmen, daß die Säkularisierung und auch die Opposition gerade gegenüber dem Katholizismus stark ist. Und wenn diese Oppositionen in zivilisierter Weise ausgedrückt werden,

Am Donnerstag, den 22. September um 8.15 Uhr startet eine A 320 der „Alitalia" auf dem römischen Flughafen Campino. Sie hat Papst Benedikt XVI. an Bord, ihr Ziel ist Berlin – Auftakt zu seiner viertägigen Reise, die ihn danach noch nach Erfurt und Freiburg führen soll. Begleitet wird er von seinem „Seguito", seiner Entourage, darunter mehreren Kardinälen sowie von 68 Journalisten aus aller Welt, auch wenn gut ein Drittel davon Deutsche sind. Der Pressesprecher des Heiligen Stuhls, Pater Federico Lombardi, nutzt die Flugzeit, um dem Oberhaupt der katholischen Kirche einige Fragen zu stellen, die zuvor von den Journalisten eingereicht wurden.

ist nichts dagegen einzuwenden. Andererseits ist aber auch wahr, daß es große Erwartungen und viel Liebe dem Papst gegenüber gibt. Aber vielleicht muß ich noch sagen, daß in Deutschland verschiedene Dimensionen dieser Opposition existieren: der alte Widerspruch zwischen germanischer und romanischer Kultur, die Auseinandersetzungen der Geschichte, dazu sind wir das Land der Reformation, die diese Gegensätzlichkeiten noch verschärft hat. Aber es gibt auch eine große Zustimmung zum katholischen Glauben, eine zunehmende Einsicht, daß wir eine Überzeugung brauchen, daß wir eine moralische Kraft in unserer Zeit brauchen, daß wir eine Gegenwart Gottes in dieser unserer Zeit brauchen. So weiß ich, daß zugleich mit der Opposition – die ich normal finde und die zu erwarten war – viele Menschen da sind, die mich freudig erwarten, die ein Fest des Glaubens erwarten, ein Zusammensein sowie die Freude, Gott zu kennen und gemeinsam auf Zukunft hin zu leben, die Freude, daß Gott uns an der Hand hält und uns den Weg weist. Darum komme ich mit Freude in mein Deutschland und bin glücklich, die Botschaft Christi in mein Land zu tragen.

Pater Lombardi: Eine letzte Frage: Heiliger Vater, Sie werden in Erfurt das alte Kloster des Reformatoren Martin Luther besuchen. Die evangelischen Christen – und die Katholiken, die mit ihnen im Dialog stehen – sind dabei, sich auf den 500. Jahrestag der Reformation vorzubereiten. Mit welcher Botschaft, mit welchen Gedanken bereiten Sie sich auf die Begegnung vor? Ist Ihre Reise auch als eine brüderliche Geste gegenüber den von Rom getrennten Brüdern und Schwestern zu verstehen?

Benedikt XVI.: Als ich die Einladung zu dieser Reise angenommen habe, war es für mich klar, daß die Ökumene mit unseren evangelischen Freunden ein wichtiger Punkt, ein zentraler Punkt dieser Reise sein müßte. Wir leben, wie bereits gesagt, in einer Zeit des Säkularismus, in der die Christen gemeinsam die Aufgabe haben, die Botschaft Gottes, die Botschaft Christi gegenwärtig werden zu lassen, den Glauben und das Voranschreiten in diesen großen Ideen und Wahrheiten zu ermöglichen. Deshalb ist es ein grundsätzliches Element für unsere Zeit, daß Katholiken und Protestanten sich zusammentun, selbst wenn wir institutionell noch nicht vollkommen eins sind, selbst wenn Probleme bleiben, auch große Probleme – im Fundament des Glaubens an Christus, an den dreifaltigen Gott und bezüglich des Menschen als Gottes Ebenbild sind wir einig. Und dies der Welt zu zeigen und diese Einheit zu vertiefen, ist wesentlich in diesem geschichtlichen Moment. Deshalb bin ich unseren Freunden, den protestantischen Brüdern und Schwestern, sehr dankbar, daß sie ein ganz bedeutsames Zeichen möglich gemacht haben: die Begegnung in dem Kloster, wo Luther seinen theologischen Weg begonnen hat, das Gebet in der Kirche, in der er zum Priester geweiht wurde, und das Miteinandersprechen über unsere Verantwortung als Christen in dieser Zeit. Ich bin sehr glücklich darüber, so diese grundsätzliche Einheit zeigen zu können, daß wir Brüder und Schwestern sind und zusammen für das Wohl der Menschen arbeiten, indem wir die Frohe Botschaft Christi verkünden, des Gottes, der ein menschliches Antlitz hat und der zu uns spricht.

Ansprache vor dem Schloß Bellevue

Sehr geehrter Herr Bundespräsident!
Meine Damen und Herren!
Liebe Freunde!

Durch den liebenswürdigen Empfang, den Sie mir hier in Schloß Bellevue bereiten, fühle ich mich sehr geehrt. Ihnen, Herr Bundespräsident Wulff, bin ich besonders dankbar für die Einladung zu diesem offiziellen Besuch, der mein dritter Aufenthalt als Papst in der Bundesrepublik Deutschland ist. Von Herzen danke ich Ihnen für die freundlichen und auch in die Tiefe gehenden Begrüßungsworte, die Sie an mich gerichtet haben. Ebenso gilt mein Dank den Vertretern der Bundesregierung, des Bundestages und des Bundesrates sowie der Stadt Berlin für ihre Anwesenheit, mit der sie ihren Respekt gegenüber dem Papst, dem Nachfolger des Apostels Petrus, zum Ausdruck bringen. Und nicht zuletzt danke ich den drei gastgebenden Bischöfen – Erzbischof Woelki von Berlin, Bischof Wanke von Erfurt und Erzbischof Zollitsch von Freiburg – sowie allen, die auf verschiedenen kirchlichen und öffentlichen Ebenen an der Vorbereitung dieser Reise in mein Heimatland mitgewirkt haben und so zu ihrem Gelingen beitragen.

Auch wenn diese Reise ein offizieller Besuch ist, der die guten Beziehungen zwischen der Bundesrepublik Deutschland und dem Heiligen Stuhl festigen wird, bin ich nicht in erster Linie hierher gekommen, wie es andere Staatsmänner tun, um bestimmte politische oder wirtschaftliche Ziele zu verfolgen, sondern um den Menschen zu begegnen und mit ihnen über Gott zu sprechen. Deswegen freue ich mich, daß eine große Vertretung der Bürger der Bundesrepublik da ist. Herzlichen Dank!

Der Religion gegenüber erleben wir – Sie haben darauf hingedeutet, Herr Bundespräsident – eine zunehmende Gleichgültigkeit in der Gesellschaft, die bei ihren Entscheidungen die Wahrheitsfrage eher als ein Hindernis ansieht und statt dessen Nützlichkeitserwägungen den Vorrang gibt.

Es bedarf aber für unser Zusammenleben einer verbindlichen Basis, sonst lebt jeder nur noch seinen Individualismus. Die Religion ist eine dieser Grundlagen für ein gelingendes Miteinander. „Wie die Religion der Freiheit bedarf, so bedarf auch die Freiheit der Religion". Dieses Wort des großen Bischofs und Sozialreformers Wilhelm von Ketteler, dessen zweihundertsten Geburtstag wir in diesem Jahr feiern, ist heute nach wie vor aktuell [1].

Freiheit braucht die Rückbindung an eine höhere Instanz. Daß es Werte gibt, die durch nichts und niemand manipulierbar sind, ist die eigentliche Gewähr unserer Freiheit. Der Mensch, der sich dem Wahren und dem Guten verpflichtet weiß, wird dem sofort beipflichten: Freiheit entfaltet sich nur in der Verantwortung vor einem höheren Gut. Dieses Gut gibt es nur für alle gemeinsam; deshalb muß ich immer auch meine Mitmenschen im Blick haben. Freiheit kann nicht in Beziehungslosigkeit gelebt werden.

Im menschlichen Miteinander geht Freiheit nicht ohne Solidarität. Was ich auf Kosten des anderen tue, ist keine Freiheit, sondern schuldhaftes Handeln, das den anderen und damit letztlich auch mich selbst beeinträchtigt. Wirklich frei entfalten kann ich mich nur, wenn ich meine Kräfte auch zum Wohl der Mitmenschen einsetze. Und dies gilt nicht nur für den Privatbereich, sondern auch für die Gesellschaft. Sie hat gemäß dem Subsidiaritätsprinzip den kleineren Strukturen ausreichend Raum zur Entfaltung zu geben und zugleich eine Stütze zu sein, damit sie einmal auf eigenen Beinen stehen können.

Hier am Schloß Bellevue, das seinen Namen dem schönen Blick auf das Spreeufer verdankt, unweit der Siegessäule, des Bundestags und des Brandenburger Tors gelegen, stehen wir mitten im Zentrum Berlins, der Hauptstadt der Bundesrepublik Deutschland. Das Schloß ist - wie viele Gebäude der Stadt – mit seiner bewegten Vergangenheit ein Zeugnis deutscher Geschichte. Wir kennen ihre großen und noblen Seiten, und sind dankbar dafür. Aber auch der klare Blick auf ihre dunklen Seiten ist möglich, und er erst ermöglicht uns, aus der Vergangenheit zu lernen und Anstöße für die Gegenwart zu erhalten. Die Bundesrepublik Deutschland ist durch die von der Verantwortung vor Gott und voreinander gestaltete Kraft der Freiheit zu dem geworden, was sie heute ist. Sie braucht diese Dynamik, die alle Bereiche des Humanen einbezieht, um unter den aktuellen Bedingungen sich weiter entfalten zu können. Sie braucht dies in einer Welt, die einer tiefgreifenden kulturellen Erneuerung und der Wiederentdeckung von Grundwerten bedarf, auf denen eine bessere Zukunft aufzubauen ist (Enzyklika *Caritas in veritate*, 21).

Ich wünsche mir, daß die Begegnungen an den verschiedenen Stationen meiner Reise hier in Berlin, in Erfurt, im Eichsfeld und in Freiburg dazu einen kleinen Beitrag leisten können. In diesen Tagen schenke Gott uns allen seinen Segen. Danke.

[1] *Rede vor der ersten Versammlung der Katholiken Deutschlands*, 1848. In: Erwin Iserloh (Hg.): Wilhelm Emmanuel von Ketteler: Sämtliche Werke und Briefe, Mainz 1977, I, 1, S. 18.

Nach einer kurzen privaten Begegnung mit der Familie des Bundespräsidenten wird Benedikt XVI. zum Sitz der Deutschen Bischofskonferenz in der Katholischen Akademie gefahren. Dort begrüßen ihn der Präsident und der Generalsekretär der DBK. Um 12.50 treffen Angela Merkel und ihr Mann, Prof. Joachim Sauer, den Papst. Die Begegnung findet in der Bibliothek statt, einem Ort, der ganz nach dem Geschmack des bibliophilen Theologen ist. Nach dem Austausch von Geschenken – ein Notenblatt mit Gregorianischen Gesängen aus dem späten Mittelalter für den Papst, eine bemalte Kachel, die den von kleinen Türmen flankierten „Brunnen des Sakraments" (Fontana del Sacramento) in den vatikanischen Gärten zeigt, für die Kanzlerin – kommt man auf Wesentliches zu sprechen: Die Finanzmärkte,

die europäische Einigung, die Merkel als „für uns Deutsche unverzichtbar" bezeichnet, und die Notwendigkeit einer Politik, die, so der Papst, „schon die Kraft haben sollte, für die Menschen zu gestalten und nicht getrieben zu sein."

Nach der gut halbstündigen Begegnung zieht sich Benedikt XVI. mit seinem Gefolge zum Mittagessen zurück. Auf dem Menü stehen „Vichy-Saibling und Amalfi-Zitrone mit Mandelstaub", „Confierte Rinderbrust, Rosmarin und Gartenbohnen" sowie, als Nachtisch, „halbflüssiger Frankfurter Pudding mit Haselnuß" und „Sauerampfereis" Danach wird er zur Apostolischen Nuntiatur gebracht, wo er Kräfte sammelt für seinen nächsten Auftritt, den man ohne Übertreibung als „historisch" bezeichnen kann: Er soll vor dem Bundestag reden.

BENEDIKT XVI.
IN BERLIN

Ansprache vor dem Deutschen Bundestag

Sehr geehrter Herr Bundespräsident!
Herr Bundestagspräsident!
Frau Bundeskanzlerin!
Frau Bundesratspräsidentin!
Meine Damen und Herren Abgeordnete!

Es ist mir Ehre und Freude, vor diesem Hohen Haus zu sprechen – vor dem Parlament meines deutschen Vaterlandes, das als demokratisch gewählte Volksvertretung hier zusammenkommt, um zum Wohl der Bundesrepublik Deutschland zu arbeiten. Dem Herrn Bundestagspräsidenten möchte ich für seine Einladung zu dieser Rede ebenso danken wie für die freundlichen Worte der Begrüßung und Wertschätzung, mit denen er mich empfangen hat. In dieser Stunde wende ich mich an Sie, verehrte Damen und Herren – gewiß auch als Landsmann, der sich lebenslang seiner Herkunft verbunden weiß und die Geschicke der deutschen Heimat mit Anteilnahme verfolgt. Aber die Einladung zu dieser Rede gilt mir als Papst, als Bischof von Rom, der die oberste Verantwortung für die katholische Christenheit trägt. Sie anerkennen damit die Rolle, die dem Heiligen Stuhl als Partner innerhalb der Völker- und Staatengemeinschaft zukommt. Von dieser meiner internationalen Verantwortung her möchte ich Ihnen einige Gedanken über die Grundlagen des freiheitlichen Rechtsstaats vorlegen.

Lassen Sie mich meine Überlegungen über die Grundlagen des Rechts mit einer kleinen Geschichte aus der Heiligen Schrift beginnen. Im ersten Buch der Könige wird erzählt, daß Gott dem jungen König Salomon bei seiner Thronbesteigung eine Bitte freistellte. Was wird sich der junge Herrscher in diesem Augenblick erbitten? Erfolg – Reichtum – langes Leben – Vernichtung der Feinde? Nicht um diese Dinge bittet er. Er bittet: „Verleih deinem Knecht ein hörendes Herz, damit er dein Volk zu regieren und das Gute vom Bösen zu unterscheiden versteht" (1 Kön 3,9). Die Bibel will uns mit dieser Erzählung sagen, worauf es für einen Politiker letztlich ankommen muß. Sein letzter Maßstab und der Grund für seine Arbeit als Politiker darf nicht der Erfolg und schon gar nicht materieller Gewinn sein. Die Politik muß Mühen um Gerechtigkeit sein und so die Grundvoraussetzung für Friede schaffen. Natürlich wird ein Politiker den Erfolg suchen, ohne den er überhaupt nicht die Möglichkeit politischer Gestaltung hätte. Aber der Erfolg ist dem Maßstab der Gerechtigkeit, dem Willen zum Recht und dem Verstehen für das Recht untergeordnet. Erfolg kann auch Verführung sein und kann so den Weg auftun für die Verfälschung des Rechts, für die Zerstörung der Gerechtigkeit. „Nimm das Recht weg – was ist dann ein Staat noch anderes als eine große Räuberbande", hat der heilige Augustinus einmal gesagt [1]. Wir Deutsche wissen es aus eigener Erfahrung, daß diese Worte nicht ein leeres Schreckgespenst sind. Wir haben erlebt, daß Macht von Recht getrennt wurde, daß Macht gegen Recht stand, das Recht zertreten

hat und daß der Staat zum Instrument der Rechtszerstörung wurde – zu einer sehr gut organisierten Räuberbande, die die ganze Welt bedrohen und an den Rand des Abgrunds treiben konnte. Dem Recht zu dienen und der Herrschaft des Unrechts zu wehren ist und bleibt die grundlegende Aufgabe des Politikers. In einer historischen Stunde, in der dem Menschen Macht zugefallen ist, die bisher nicht vorstellbar war, wird diese Aufgabe besonders dringlich. Der Mensch kann die Welt zerstören. Er kann sich selbst manipulieren. Er kann sozusagen Menschen machen und Menschen vom Menschsein ausschließen. Wie erkennen wir, was recht ist? Wie können wir zwischen Gut und Böse, zwischen wahrem Recht und Scheinrecht unterscheiden? Die salomonische Bitte bleibt die entscheidende Frage, vor der der Politiker und die Politik auch heute stehen.

In einem Großteil der rechtlich zu regelnden Materien kann die Mehrheit ein genügendes Kriterium sein. Aber daß in den Grundfragen des Rechts, in denen es um die Würde des Menschen und der Menschheit geht, das Mehrheitsprinzip nicht ausreicht, ist offenkundig: Jeder Verantwortliche muß sich bei der Rechtsbildung die Kriterien seiner Orientierung suchen. Im 3. Jahrhundert hat der große Theologe Origenes den Widerstand der Christen gegen bestimmte geltende Rechtsordnungen so begründet: „Wenn jemand sich bei den Skythen befände, die gottlose Gesetze haben, und gezwungen wäre, bei ihnen zu leben …, dann würde er wohl sehr vernünftig handeln, wenn er im Namen des Gesetzes der Wahrheit, das bei den Skythen ja Gesetzwidrigkeit ist, zusammen mit Gleichgesinnten auch entgegen der bei jenen bestehenden Ordnung Vereinigungen bilden würde …" [2]

Von dieser Überzeugung her haben die Widerstandskämpfer gegen das Naziregime und gegen andere totalitäre Regime gehandelt und so dem Recht und der Menschheit als ganzer einen Dienst erwiesen. Für diese Menschen war es unbestreitbar evident, daß geltendes Recht in Wirklichkeit Unrecht war. Aber bei den Entscheidungen eines demokratischen Politikers ist die Frage, was nun dem Gesetz der Wahrheit entspreche, was wahrhaft recht sei und Gesetz werden könne, nicht ebenso evident. Was in bezug auf die grundlegenden anthropologischen Fragen das Rechte ist und geltendes Recht werden kann, liegt heute

Nur zweimal in der Geschichte hat ein Papst vor einem demokratisch gewählten Parlament gesprochen, nämlich Johannes Paul II. 1999 in Polen und 2002 in Italien. So läßt sich Benedikt XVI. zunächst einmal Zeit, bevor er zu diesem historischen Schritt bereit ist. Schon 2006 hat ihn Bundestagspräsident Norbert Lammert eingeladen, aus Anlaß des 50. Jahrestages der Römischen Verträge und der deutschen EU-Ratspräsidentschaft eine Rede im Bundestag zu halten. Doch trotz der eindeutigen Einladung, der im Vorfeld die Spitzen der Fraktionen und Parteien begeistert zustimmten und die mit dem Ältestenrat abgesprochen worden ist, gibt es bald auch Proteste, die um so lauter werden, je näher der Termin der Papstreise rückt. Sie kommen vor allem aus den Reihen der Grünen und der Linkspartei. Während die Grünen den Papst nur als „Religionsführer" betrachten wollen und seine Rolle als Staatsoberhaupt bewußt herunterspielen, trauern die Linken

offenbar den „guten, alten" DDR-Zeiten nach, als man unliebsame Christen noch effizienter totschweigen konnte. Jetzt sehen sie „die religiöse Neutralität des Staates" verletzt und bezichtigen Benedikt XVI., Frauen und Homosexuelle zu diskriminieren. Rund 80 Abgeordnete der SPD, der Grünen und der Linken kündigen an, der Papstrede demonstrativ fernzubleiben – auch wenn das von anderen als „Respektlosigkeit gegenüber dem Bundestagspräsidenten", der die Einladung aus-

gesprochen hat, und als „Mischung aus Hochmut und Kleingeist, aus Provinzialität und Überheblichkeit" verstanden wird, um Bundesinnenminister Hans-Peter Friedrich (CSU) zu zitieren.

Die aufgeheizte Stimmung führt jedenfalls dazu, daß die Sicherheitsmaßnahmen für den Papstbesuch jetzt eher noch verstärkt werden. So sind an diesem Tag in Berlin über 6500 Polizisten im Einsatz, die das Regierungsviertel in einen Hochsicherheitstrakt verwandeln. Im Schloß Bellevue

keineswegs einfach zutage. Die Frage, wie man das wahrhaft Rechte erkennen und so der Gerechtigkeit in der Gesetzgebung dienen kann, war nie einfach zu beantworten, und sie ist heute in der Fülle unseres Wissens und unseres Könnens noch sehr viel schwieriger geworden.

Wie erkennt man, was recht ist? In der Geschichte sind Rechtsordnungen fast durchgehend religiös begründet worden: Vom Blick auf die Gottheit her wird entschieden, was unter Menschen rechtens ist. Im Gegensatz zu anderen großen Religionen hat das Christentum dem Staat und der Gesellschaft nie ein Offenbarungsrecht, nie eine Rechtsordnung aus Offenbarung vorgegeben. Es hat statt dessen auf Natur und Vernunft als die wahren Rechtsquellen verwiesen – auf den Zusammenklang von objektiver und subjektiver Vernunft, der freilich das Gegründetsein beider Sphären in der schöpferischen Vernunft Gottes voraussetzt. Die christlichen Theologen haben sich damit einer philosophischen und juristischen Bewegung angeschlossen, die sich seit dem 2. Jahrhundert v. Chr. gebildet hatte. In der ersten Hälfte des 2. vorchristlichen Jahrhunderts kam es zu einer Begegnung zwischen dem von stoischen Philosophen entwickelten sozialen Naturrecht und verantwortlichen Lehrern des römischen Rechts. [3] In dieser Berührung ist die abendländische Rechtskultur geboren worden, die für die Rechtskultur der Menschheit von entscheidender Bedeutung war und ist. Von dieser vorchristlichen Verbindung von Recht und Philosophie geht der Weg über das christliche Mittelalter in die Rechtsentfaltung der Aufklärungszeit bis hin zur Erklärung der Menschenrechte und bis zu unserem deutschen Grundgesetz, mit dem sich unser Volk 1949 zu den „unverletzlichen und unveräußerlichen Menschenrechten als Grundlage jeder menschlichen Gemeinschaft, des Friedens und der Gerechtigkeit in der Welt" bekannt hat.

Für die Entwicklung des Rechts und für die Entwicklung der Humanität war es entscheidend, daß sich die christlichen Theologen gegen das vom Götterglauben geforderte religiöse Recht auf die Seite der Philosophie gestellt, Vernunft und Natur in ihrem Zueinander als die für alle gültige Rechtsquelle anerkannt haben. Diesen Entscheid hatte schon Paulus im Brief an die Römer vollzogen, wenn er sagt: „Wenn Heiden, die das Gesetz (die Tora Israels) nicht haben, von Natur aus das tun, was im Gesetz gefordert ist, so sind

werden Scharfschützen positioniert, Spürhunde durchsuchen den Bundestag, Straßensperren machen die Fahrt durch die Innenstadt zu einem echten Abenteuer. Die extremen Sicherheitsmaßnahmen erklären aber auch die hohen Kosten für den Papstbesuch – von bis zu 25 Millionen Euro ist die Rede, nur ein kleinerer Teil davon wird für den Aufbau von Tribünen und die aufwendige Technik bei den Papstmessen sowie, zumindest in Etzelsbach und Freiburg, die Schaffung einer Infrastruktur samt Pilgerwegen benötigt. Der Papst selber, der in den Gästezimmern der Berliner Nuntiatur und zweier Priesterseminare wohnt, verursacht dagegen nur minimale Kosten.

Die Ankündigung linker und alternativer Gruppierungen, es würden über 20.000 Demonstranten gegen den Papstbesuch in Berlin erwartet, vergrößert die Sorge um die innere Sicherheit. Doch schließlich zeigt sich, daß man ihnen wohl zu viel Beachtung geschenkt hat. Von nicht einmal 2000

sie … sich selbst Gesetz. Sie zeigen damit, daß ihnen die Forderung des Gesetzes ins Herz geschrieben ist; ihr Gewissen legt Zeugnis davon ab …" (Röm 2,14 f). Hier erscheinen die beiden Grundbegriffe Natur und Gewissen, wobei Gewissen nichts anderes ist als das hörende Herz Salomons, als die der Sprache des Seins geöffnete Vernunft. Wenn damit bis in die Zeit der Aufklärung, der Menschenrechtserklärung nach dem Zweiten Weltkrieg und in der Gestaltung unseres Grundgesetzes die Frage nach den Grundlagen der Gesetzgebung geklärt schien, so hat sich im letzten halben Jahrhundert eine dramatische Veränderung der Situation zugetragen. Der Gedanke des Naturrechts gilt heute als eine katholische Sonderlehre, über die außerhalb des katholischen Raums zu diskutieren nicht lohnen würde, so daß man sich schon beinahe schämt, das Wort überhaupt zu erwähnen. Ich möchte kurz andeuten, wieso diese Situation entstanden ist. Grundlegend ist zunächst die These, daß zwischen Sein und Sollen ein unüberbrückbarer Graben bestehe. Aus Sein könne kein Sollen folgen, weil es sich da um zwei völlig verschiedene Bereiche handle. Der Grund dafür ist das inzwischen fast allgemein angenommene positivistische Verständnis von Natur. Wenn man die Natur – mit den Worten von H. Kelsen – als „ein Aggregat von als Ursache und Wirkung miteinander verbundenen Seinstatsachen" ansieht, dann kann aus ihr in der Tat keine irgendwie geartete ethische Weisung hervorgehen. [4] Ein positivistischer Naturbegriff, der die Natur rein funktional versteht, so wie die Naturwissenschaft sie erkennt, kann keine Brücke zu Ethos und Recht herstellen, sondern wiederum nur funktionale Antworten hervorrufen. Das gleiche gilt aber auch für die Vernunft in einem positivistischen, weithin als allein wissenschaftlich angesehenen Verständnis. Was nicht verifizierbar oder falsifizierbar ist, gehört danach nicht in den Bereich der Vernunft im strengen Sinn. Deshalb müssen Ethos und Religion dem Raum des Subjektiven zugewiesen werden und fallen aus dem Bereich der Vernunft im strengen Sinn des Wortes heraus. Wo die alleinige Herrschaft der positivistischen Vernunft gilt – und das ist in unserem öffentlichen Bewußtsein weithin der Fall –, da sind die klassischen Erkenntnisquellen für Ethos und Recht außer Kraft gesetzt. Dies ist eine dramatische Situation, die alle angeht und über die eine öffentliche Diskussion notwendig ist, zu der dringend einzuladen eine wesentliche Absicht dieser Rede bildet.

Demonstranten, also gerade einem Zehntel der erwarteten Zahl, berichten die ARD-Reporter live aus Berlin, eine Zahl, die von der „Frankfurter Allgemeinen Zeitung" bestätigt wird, während andere von „rund 5000" („Die Welt") sprechen. Auf einem Lastwagen stehen die Redner, über einem Banner mit dem Motto der Demonstration: „Keine Macht den Dogmen." Davor stehen, sitzen, tanzen die Demonstranten, viele sind verkleidet: einige als Nonnen mit roten Lippen, andere tragen Papst-Kostüme. Eine Fremdgeh-Agentur verteilt Kondome und plädiert dafür, den Seitensprung zu enttabuisieren, eine junge Frau hält ein Schild mit der Aufschrift „Kondom statt Petersdom" hoch. Nur mit Not kann die Polizei verhindern, daß die Lage eskaliert, als der Zug kurz nach 19.00 Uhr den Bebelplatz erreicht und erste Bierflaschen fliegen. Alkoholisierte Aggression liegt in der Luft, die in deutlichem Gegensatz zur heiteren und friedlichen Stimmung steht,

Das positivistische Konzept von Natur und Vernunft, die positivistische Weltsicht als Ganze ist ein großartiger Teil menschlichen Erkennens und menschlichen Könnens, auf die wir keinesfalls verzichten dürfen. Aber es ist nicht selbst als Ganzes eine dem Menschsein in seiner Weite entsprechende und genügende Kultur. Wo die positivistische Vernunft sich allein als die genügende Kultur ansieht und alle anderen kulturellen Realitäten in den Status der Subkultur verbannt, da verkleinert sie den Menschen, ja sie bedroht seine Menschlichkeit. Ich sage das gerade im Hinblick auf Europa, in dem weite Kreise versuchen, nur den Positivismus als gemeinsame Kultur und als gemeinsame Grundlage für die Rechtsbildung anzuerkennen, alle übrigen Einsichten und Werte unserer Kultur in den Status einer Subkultur verweisen und damit Europa gegenüber den anderen Kulturen der Welt in einen Status der Kulturlosigkeit gerückt und zugleich extremistische und radikale Strömungen herausgefordert werden. Die sich exklusiv gebende positivistische Vernunft, die über das Funktionieren hinaus nichts wahrnehmen kann, gleicht den Betonbauten ohne Fenster, in denen wir uns Klima und Licht selber geben, beides nicht mehr aus der weiten Welt Gottes beziehen wollen. Und dabei können wir uns doch nicht verbergen, daß wir in dieser selbstgemachten Welt im stillen doch aus den Vorräten Gottes schöpfen, die wir zu unseren Produkten umgestalten. Die Fenster müssen wieder aufgerissen werden, wir müssen wieder die Weite der Welt, den Himmel und die Erde sehen und all dies recht zu gebrauchen lernen.

Aber wie geht das? Wie finden wir in die Weite, ins Ganze? Wie kann die Vernunft wieder ihre Größe finden, ohne ins Irrationale abzugleiten? Wie kann die Natur wieder in ihrer wahren Tiefe, in ihrem Anspruch und mit ihrer Weisung erscheinen? Ich erinnere an einen Vorgang in der jüngeren politischen Geschichte, in der Hoffnung, nicht allzusehr mißverstanden zu werden und nicht zu viele einseitige Polemiken hervorzurufen. Ich würde sagen, daß das Auftreten der ökologischen Bewegung in der deutschen Politik seit den 70er Jahren zwar wohl nicht Fenster aufgerissen hat, aber ein Schrei nach frischer Luft gewesen ist und bleibt, den man nicht überhören darf und nicht beiseite schieben kann, weil man zu viel Irrationales darin findet. Jungen Menschen war bewußt geworden, daß irgend etwas in unserem

die zu diesem Zeitpunkt im fast vollbesetzten Olympiastadion herrscht. „Ist das hier furchtbar!" entfährt es selbst der Hauptrednerin der Anti-Papst-Demonstration, der unvermeidlichen Ute Ranke-Heinemann.

Von solchen Schrecken unbehelligt setzt sich der päpstliche Troß kurz nach 16.00 Uhr vor der Apostolischen Nuntiatur in Berlin-Neukölln in Bewegung, um 16.20 Uhr trifft er vor dem Reichstag ein. Das Regierungsviertel ist zu diesem Zeitpunkt großflächig abgeriegelt, die Straßen, die man befährt, sind gesperrt. Bei seiner Ankunft wird der Papst von Bundestagspräsident Lammert empfangen und zusammen mit Kardinalstaatssekretär Tarcisio Bertone in den ersten Stock des Reichstagsgebäudes geleitet. Dort begrüßen ihn der Bundespräsident, die Bundeskanzlerin, die Bundesratspräsidentin und der Präsident des Bundesverfassungsgerichtes sowie die Fraktionsvorsitzenden der im Bundestag vertretenen

Umgang mit der Natur nicht stimmt. Daß Materie nicht nur Material für unser Machen ist, sondern daß die Erde selbst ihre Würde in sich trägt und wir ihrer Weisung folgen müssen. Es ist wohl klar, daß ich hier nicht Propaganda für eine bestimmte politische Partei mache – nichts liegt mir ferner als dies. Wenn in unserem Umgang mit der Wirklichkeit etwas nicht stimmt, dann müssen wir alle ernstlich über das Ganze nachdenken und sind alle auf die Frage nach den Grundlagen unserer Kultur überhaupt verwiesen. Erlauben Sie mir, bitte, daß ich noch einen Augenblick bei diesem Punkt bleibe. Die Bedeutung der Ökologie ist inzwischen unbestritten. Wir müssen auf die Sprache der Natur hören und entsprechend antworten. Ich möchte aber nachdrücklich einen Punkt ansprechen, der nach wie vor – wie mir scheint – ausgeklammert wird: Es gibt auch eine Ökologie des Menschen. Auch der Mensch hat eine Natur, die er achten muß und die er nicht beliebig manipulieren kann. Der Mensch ist nicht nur sich selbst machende Freiheit. Der Mensch macht sich nicht selbst. Er ist Geist und Wille, aber er ist auch Natur, und sein Wille ist dann recht, wenn er auf die Natur achtet, sie hört und sich annimmt als der, der er ist und der sich nicht selbst gemacht hat. Gerade so und nur so vollzieht sich wahre menschliche Freiheit.

Kehren wir zurück zu den Grundbegriffen Natur und Vernunft, von denen wir ausgegangen waren. Der große Theoretiker des Rechtspositivismus, Kelsen, hat im Alter von 84 Jahren – 1965 – den Dualismus von Sein und Sollen aufgegeben. (Es tröstet mich, daß man mit 84 Jahren offenbar noch etwas Vernünftiges denken kann.) Er hatte früher gesagt, daß Normen nur aus dem Willen kommen können. Die Natur könnte folglich Normen nur enthalten – so fügt er hinzu –, wenn ein Wille diese Normen in sie hineingelegt hätte. Dies wiederum – sagt er – würde einen Schöpfergott voraussetzen, dessen Wille in die Natur miteingegangen ist. „Über die Wahrheit dieses Glaubens zu diskutieren, ist völlig aussichtslos", bemerkt er dazu. [5] Wirklich? – möchte ich fragen. Ist es wirklich sinnlos zu bedenken, ob die objektive Vernunft, die sich in der Natur zeigt, nicht eine schöpferische Vernunft, einen Creator Spiritus voraussetzt?

Parteien. Nach einem Eintrag ins Goldene Buch des Reichstags betritt der Papst den Plenarsaal, begleitet vom Applaus der Abgeordneten, die sich aus Respekt vor Benedikt XVI. von ihren Plätzen erheben. „Noch nie in der Geschichte hat ein Papst vor einem gewählten deutschen Parlament gesprochen", würdigt Bundestagspräsident Lammert in seiner Begrüßungsansprache den historischen Augenblick. Doch dann ereignet sich ein kleiner Fauxpas: Benedikt XVI. sieht zunächst in Lammerts erhöhtem Podium die Rednertribüne, der Bundestagspräsident geleitet ihn daraufhin zum Rednerpult und tritt dabei unabsichtlich auf seine Soutane. Der Papst lächelt scheu, sein Blick schweift über das Parlament, er muß auch die etwa 50 leeren Plätze in den Reihen der Linkspartei bemerken; die verbliebenen 26 Abgeordneten tragen aus Protest eine rote Aids-Schleife. In

den Reihen der SPD fehlen 25 von 146 Abgeordneten, bei den Grünen sind es zwölf von 86. Was sie versäumen ist nichts weniger als die Magna Charta einer Demokratie mit christlichen Wurzeln: „eine Art Grundsatzprogramm für einen freiheitlich organisierten Rechtsstaat, der aus einem christlichen Wertefundament heraus zerstörende Elemente wie Machtgier, Intoleranz und Ungerechtigkeit vermeidet" (Rheinische Post).

Bilder S. 7, 21–29: Impressionen von der historischen Rede des Heiligen Vaters vor dem Deutschen Bundestag. Für Heiterkeit sorgte der Papst, als er nicht gleich zum Rednerpult fand (S. 21).

BENEDIKT XVI.
IN BERLIN

An dieser Stelle müßte uns das kulturelle Erbe Europas zu Hilfe kommen. Von der Überzeugung eines Schöpfergottes her ist die Idee der Menschenrechte, die Idee der Gleichheit aller Menschen vor dem Recht, die Erkenntnis der Unantastbarkeit der Menschenwürde in jedem einzelnen Menschen und das Wissen um die Verantwortung der Menschen für ihr Handeln entwickelt worden. Diese Erkenntnisse der Vernunft bilden unser kulturelles Gedächtnis. Es zu ignorieren oder als bloße Vergangenheit zu betrachten, wäre eine Amputation unserer Kultur insgesamt und würde sie ihrer Ganzheit berauben. Die Kultur Europas ist aus der Begegnung von Jerusalem, Athen und Rom – aus der Begegnung zwischen dem Gottesglauben Israels, der philosophischen Vernunft der Griechen und dem Rechtsdenken Roms entstanden. Diese dreifache Begegnung bildet die innere Identität Europas. Sie hat im Bewußtsein der Verantwortung des Menschen vor Gott und in der Anerkenntnis der unantastbaren Würde des Menschen, eines jeden Menschen, Maßstäbe des Rechts gesetzt, die zu verteidigen uns in unserer historischen Stunde aufgegeben ist.

Dem jungen König Salomon ist in der Stunde seiner Amtsübernahme eine Bitte freigestellt worden. Wie wäre es, wenn uns, den Gesetzgebern von heute, eine Bitte freigestellt würde? Was würden wir erbitten? Ich denke, auch heute könnten wir letztlich nichts anderes wünschen als ein hörendes Herz – die Fähigkeit, Gut und Böse zu unterscheiden und so wahres Recht zu setzen, der Gerechtigkeit zu dienen und dem Frieden. Ich danke Ihnen für Ihre Aufmerksamkeit!

[1] *De civitate Dei,* IV, 4, 1.

[2] *Contra Celsum* GCS Orig. 428 (Koetschau); vgl. A. Fürst, *Monotheismus und Monarchie. Zum Zusammenhang von Heil und Herrschaft in der Antike.* In: Theol.Phil. 81 (2006) 321–338; Zitat S. 336; vgl. auch J. Ratzinger, *Die Einheit der Nationen. Eine Vision der Kirchenväter* (Salzburg - München 1971) 60.

[3] Vgl. W. Waldstein, *Ins Herz geschrieben. Das Naturrecht als Fundament einer menschlichen Gesellschaft* (Augsburg 2010) 11 ff; 31–61.

[4] Waldstein, *a. a. O.,* 15–21.

[5] Zitiert nach Waldstein, *a. a. O.,* 19.

Als Benedikt XVI. vom Rednerpult abtritt und zu seinem Platz neben Bundespräsident Wulff zurückkehrt, begleitet ihn zweiminütiger Stehapplaus von allen Fraktionen. Das Eis ist gebrochen. Sogar die Grünen müssen staunend zur Kenntnis nehmen, daß der Papst deutlich seine Sympathie für die Ökologiebewegung gezeigt hat, aus der ihre Partei einst hervorgegangen ist. Nur einer von ihnen, Hans-Christian Ströbele, hat während der Ansprache den Plenarsaal verlassen, um pünktlich zur Anti-Papst-Demonstration zu kommen. So versäumte er, was die CSU-Landesgruppenchefin Gerda Hasselfeldt später als „einen der größten Momente der deutschen Parlamentsgeschichte" beschreibt – eine wahre christlich-philosophische Sternstunde!

Deutschlands größte Tageszeitung, „Bild", läßt in 18 Großstädten 10.098 Deutsche fotografieren, die mit einem Papstfoto in der Hand den Heiligen Vater willkommenheißen. Aus ihren Portraits entsteht ein doppelseitiges Mosaik-Poster Benedikts XVI., mit dem die Zeitung den Papst am Tag seiner Ankunft in Berlin begrüßt. Dort, in der Bundeshauptstadt, ist das 19stöckige Hochhaus des Axel Springer-Verlages seit Anfang der Woche mit zwei 64 x 45 Meter großen Reproduktionen der legendären BILD-Titelseite vom 20. April 2005 verhängt: „Wir sind Papst!" Unübersehbar angestrahlt leuchten sie in die Berliner Nacht hinein.

BENEDIKT XVI.
IN BERLIN

Ansprache vor Vertretern der jüdischen Gemeinde
Berliner Reichstagsgebäude

Sehr geehrte Damen und Herren, liebe Freunde!

Ich freue mich ehrlich über diese Zusammenkunft mit Ihnen hier in Berlin. Ganz herzlich danke ich Herrn Präsident Dr. Dieter Graumann für die freundlichen und auch für seine nachdenklichen Worte. Sie machen mir deutlich, wie viel Vertrauen gewachsen ist zwischen dem jüdischen Volk und der katholischen Kirche, die einen nicht unwesentlichen Teil ihrer grundlegenden Traditionen gemeinsam haben, wie Sie betonen. Zugleich ist uns allen klar, daß ein liebendes verstehendes Ineinander von Israel und Kirche im jeweiligen Respekt für das Sein des anderen immer noch weiter wachsen muß und tief in die Verkündigung des Glaubens einzubeziehen ist.

Bei meinem Besuch in der Kölner Synagoge vor sechs Jahren sprach Rabbiner Teitelbaum über die Erinnerung als eine der Säulen, die man braucht, um darauf eine friedliche Zukunft zu gründen. Und heute befinde ich mich an einem zentralen Ort der Erinnerung, der schrecklichen Erinnerung, daß von hier aus die Shoah, die Vernichtung der jüdischen Mitbürger in Europa geplant und organisiert wurde. In Deutschland lebten vor dem Naziterror ungefähr eine halbe Million Juden, die einen festen Bestandteil der deutschen Gesellschaft bildeten. Nach dem Zweiten Weltkrieg galt Deutschland als das „Land der Shoah", in dem man eigentlich nicht mehr leben konnte als Jude. Es gab zunächst kaum Anstrengungen, die alten jüdischen Gemeinden neu zu begründen, auch wenn von Osten her stetig jüdische Einzelpersonen und Familien einreisten. Viele von ihnen wollten auswandern und sich vor allem in den Vereinigten Staaten oder in Israel eine neue Existenz aufbauen.

An diesem Ort muß auch erinnert werden an die Pogromnacht vom 9. auf den 10. November 1938. Nur wenige sahen die ganze Tragweite dieser menschenverachtenden Tat, wie der Berliner Dompropst Bernhard Lichtenberg, der von der Kanzel der Sankt-Hedwigs-Kathedrale den Gläubigen zurief: „Draußen brennt der Tempel – das ist auch ein Gotteshaus". Die nationalsozialistische Schreckensherrschaft gründete auf einem rassistischen Mythos, zu dem die Ablehnung des Gottes Abrahams, Isaaks und Jakobs, des Gottes Jesu Christi und der an ihn glaubenden Menschen gehörte. Der „allmächtige" Adolf Hitler, das war ein heidnisches Idol, das Ersatz sein wollte für den biblischen Gott, den Schöpfer und Vater aller Menschen. Mit der Verweigerung der Achtung vor diesem einen Gott geht immer auch die Achtung vor der Würde des Menschen verloren. Wozu der Mensch, der Gott ablehnt, fähig ist, und welches Gesicht ein Volk im Nein zu diesem Gott haben kann, haben die schrecklichen Bilder aus den Konzentrationslagern bei Kriegsende gezeigt.

Angesichts dieser Erinnerung ist dankbar festzustellen, daß sich seit einigen Jahrzehnten eine neue Entwicklung zeigt, bei der man geradezu von einem Aufblühen jüdischen Lebens in Deutschland spre-

chen kann. Es ist hervorzuheben, daß sich die jüdische Gemeinschaft in dieser Zeit besonders um die Integration osteuropäischer Einwanderer verdient gemacht hat.

Dankbar möchte ich auch auf den sich vertiefenden Dialog zwischen der katholischen Kirche und dem Judentum hinweisen. Die Kirche empfindet eine große Nähe zum jüdischen Volk. Mit der Erklärung *Nostra aetate* des *Zweiten Vatikanischen Konzils* wurde ein „unwiderruflicher Weg des Dialogs, der Brüderlichkeit und der Freundschaft" eingeschlagen (vgl. *Rede in der Synagoge in Rom,* 17. Januar 2010). Dies gilt für die

Gleich nach seiner historischen Rede, gegen 17.15 Uhr, treffen sich der Papst und die Kardinäle und Bischöfe in seinem Gefolge noch mit 15 Vertretern der jüdischen Gemeinde. Von Erzbischof Zollitsch vorgestellt, ergreift zunächst der Präsident des Zentralrats der Juden in Deutschland, Dr. Dieter Graumann, das Wort: „Wir wissen sehr wohl, daß gerade Ihnen ganz persönlich die Versöhnung mit dem Judentum immer schon wichtig, ja absolute

Herzenssache war und ist", bestätigt er dem Papst. Dessen „Absage an jede Judenmission und Ihre mehr als deutliche Zurückweisung des Jahrhunderte alten Vorwurfs des Gottesmords" habe „uns allen gut getan". Schmerzen würden ihn allerdings die Themen Piusbrüder, Karfreitagsfürbitte und – offensichtlich in Verkennung der historischen Tatsachen – „die in Aussicht genommene Seligsprechung von Papst Pius XII." bereiten. Dabei wünscht er

katholische Kirche als ganze, in der der selige Papst Johannes Paul II. sich besonders intensiv für diesen neuen Weg eingesetzt hat. Es gilt selbstverständlich auch für die katholische Kirche in Deutschland, die sich ihrer besonderen Verantwortung in dieser Sache bewußt ist. In der Öffentlichkeit wird vor allem die „Woche der Brüderlichkeit" wahrgenommen, die von den lokalen Gesellschaften für Christlich-Jüdische Zusammenarbeit jedes Jahr in der ersten Märzwoche organisiert wird.

Von katholischer Seite gibt es zudem jährliche Treffen zwischen Bischöfen und Rabbinern sowie strukturierte Gespräche mit dem Zentralrat der Juden. Schon in den 70er Jahren trat das Zentralkomitee der deutschen Katholiken (ZdK) mit der Errichtung eines Gesprächskreises „Juden und Christen" hervor, der in fundierter Weise im Laufe der Jahre viele hilfreiche Verlautbarungen hervorgebracht hat. Und nicht unerwähnt lassen möchte ich das historische Treffen im März 2006 für den jüdisch-christlichen Dialog unter Beteiligung von Kardinal Walter Kasper. Diese Zusammenarbeit trägt Früchte.

Neben diesen wichtigen Initiativen scheint mir, daß wir Christen uns auch immer mehr unserer inneren Verwandtschaft mit dem Judentum klar werden müssen, von der Sie gesprochen haben. Für Christen kann es keinen Bruch im Heilsgeschehen geben. Das Heil kommt nun einmal von den Juden (vgl. Joh 4,22). Wo der Konflikt Jesu mit dem Judentum seiner Zeit in oberflächlicher Manier als eine Loslösung vom Alten Bund gesehen wird, wird er auf die Idee einer Befreiung hinauslaufen, die die Tora nur als sklavische Befolgung von Riten und äußeren Observanzen mißdeutet. Tatsächlich hebt aber die Bergpredigt das mosaische Gesetz nicht auf, sondern enthüllt seine verborgenen Möglichkeiten und läßt neue Ansprüche hervortreten. Sie verweist uns auf den tiefsten Grund menschlichen Tuns, das Herz, wo der Mensch zwischen dem Reinen und dem Unreinen wählt, wo sich Glaube, Hoffnung und Liebe entfalten.

Die Hoffnungsbotschaft, die die Bücher der hebräischen Bibel und des christlichen Alten Testaments überliefern, ist von Juden und Christen in unterschiedlicher Weise angeeignet und weitergeführt worden. „Wir erkennen es nach Jahrhunderten des Gegeneinanders als unsere heutige Aufgabe, daß diese beiden Weisen der Schriftlektüre – die christliche und die jüdische – miteinander in Dialog treten müssen, um Gottes Willen und Wort recht zu verstehen" (*Jesus von Nazareth. Zweiter Teil: Vom Einzug in Jerusalem bis zur Auferstehung*, S. 49) Dieser Dialog soll die gemeinsame Hoffnung auf Gott

sich auch weiterhin „einen Dialog auf Augenhöhe und der Freundschaft".

Die ganze Woche steht in Deutschland im Zeichen des Papstbesuchs. Zumindest wird endlich wieder über Religion diskutiert! Hart aber unfair bleibt trotzdem so manche TV-Talkshow und fixiert sich

auf die christliche Morallehre, als ob es in Zeiten der Wirtschaftskrise und der Sehnsucht nach Werten für die Menschen nicht auch andere Themen gäbe. „Der Unbelehrbare" titelt der „Spiegel", wirft dem Papst vor, „die Deutschen vom Glauben abfallen" zu lassen und interviewt dazu den unbekehrbaren Theologen-Dinosaurier Hans Küng.

in einer zunehmend säkularen Gesellschaft stärken. Ohne diese Hoffnung verliert die Gesellschaft ihre Humanität.

Insgesamt dürfen wir feststellen, daß der Austausch der katholischen Kirche mit dem Judentum in Deutschland schon verheißungsvolle Früchte getragen hat. Beständige vertrauensvolle Beziehungen sind gewachsen. Juden und Christen haben gewiß eine gemeinsame Verantwortung für die Entwicklung der Gesellschaft, die immer auch eine religiöse Dimension hat. Mögen alle Beteiligten diesen Weg gemeinsam weitergehen. Dazu schenke der Einzige und Allmächtige, *Ha Kadosch Baruch Hu,* seinen Segen. Ich danke Ihnen.

Doch es gibt auch positive Gesten. Die „Welt am Sonntag" widmet ihre Titelseite einem Exklusivinterview mit Papstbruder Georg Ratzinger, in der „Frankfurter Allgemeinen Sonntagszeitung" erscheint eine großformatige Anzeige katholischer und evangelischer Intellektueller, die Benedikt XVI. in Deutschland willkommenheißen.

Bild S. 33: Rabbiner Yaacov Zinvirt überreicht Papst Benedikt XVI. ein Geschenk.

Bild oben: Mit Klaus Wowereit, dem Regierenden Bürgermeister von Berlin, beim Eintrag in das Goldene Buch der Stadt.

Predigt in der Eucharistiefeier im Berliner Olympiastadion

Liebe Mitbrüder im Bischofs- und Priesteramt!
Liebe Schwestern und Brüder!

Der Blick in das weite Olympiastadion, das ihr in großer Zahl heute füllt, weckt in mir große Freude und Zuversicht. Sehr herzlich grüße ich euch alle – die Gläubigen aus dem Erzbistum Berlin und den Diözesen Deutschlands wie auch die vielen Pilger aus den benachbarten Ländern. 15 Jahre ist es her, daß erstmals ein Papst in die Bundeshauptstadt Berlin gekommen ist. Der Besuch meines verehrten Vorgängers, des seligen Johannes Paul II., und die Seligsprechung des Berliner Dompropstes Bernhard Lichtenberg – zusammen mit Karl Leisner – eben hier an diesem Ort ist uns allen, auch mir persönlich, in sehr lebendiger Erinnerung.

Wenn wir an diese Seligen und an die Schar der Heiligen und Seligen insgesamt denken, können wir begreifen, was es heißt, als Rebzweige des wahren Weinstocks Christus zu leben und Frucht zu tragen. Das heutige Evangelium hat das Bild neu vergegenwärtigt, dieses im Orient üppig rankenden Gewächses und Sinnbilds von Lebenskraft, eine Metapher für die Schönheit und Dynamik der Gemeinschaft Jesu mit seinen Jüngern und Freunden mit uns.

Im Gleichnis vom Weinstock sagt Jesus nicht: „Ihr seid der Weinstock", sondern: „Ich bin der Weinstock – ihr seid die Reben" (Joh 15,5). Das heißt: „So wie die Rebzweige mit dem Weinstock verbunden sind, so gehört ihr zu mir! Indem ihr aber zu mir gehört, gehört ihr auch zueinander." Und dieses Zueinander- und Zu-ihm-Gehören ist nicht irgendein ideales, gedachtes, symbolisches Verhältnis, sondern – fast möchte ich sagen – ein biologisches, ein lebensvolles Zu-Jesus-Christus-Gehören. Das ist die Kirche, diese Lebensgemeinschaft mit Jesus Christus und füreinander, die durch die Taufe begründet und in der Eucharistie von Mal zu Mal vertieft und verlebendigt wird. „Ich bin der wahre Weinstock", das heißt doch eigentlich: „Ich bin ihr und ihr seid ich" – eine unerhörte Identifikation des Herrn mit uns, mit seiner Kirche.

Christus selber hat damals vor Damaskus den Kirchenverfolger Saulus gefragt: „Warum verfolgst du mich?" (Apg 9,4). Damit drückt der Herr die Gemeinsamkeit des Schicksals aus, die sich aus der innigen Lebensgemeinschaft seiner Kirche mit ihm, dem Auferstandenen, ergibt. Er lebt in seiner Kirche in dieser Welt fort. Er ist bei uns und wir mit ihm. – „Warum verfolgst du mich?" – Es ist letztlich Jesus, den die Verfolger seiner Kirche treffen wollen. Und zugleich heißt das, daß wir, wenn wir um unseres Glaubens willen bedrängt werden, nicht allein sind. Jesus Christus ist bei uns und mit uns.

Im Gleichnis sagt der Herr Jesus noch einmal: „Ich bin der wahre Weinstock, und mein Vater ist der Winzer" (Joh 15,1), und er führt aus, daß der Winzer zum Messer greift, die dürren Reben abschneidet und die fruchttragenden reinigt, so daß sie mehr Frucht bringen. Gott will – um es mit dem Bild des

Propheten Ezechiel zu sagen, das wir in der ersten Lesung gehört haben – das tote, steinerne Herz aus unserer Brust nehmen, und uns ein lebendiges Herz aus Fleisch geben (vgl. Ez 36,26), ein Herz der Liebe, der Güte und des Friedens. Er will uns neues, kraftvolles Leben schenken. Christus ist gekommen, die Sünder zu rufen. Sie brauchen den Arzt, nicht die Gesunden (vgl. Lk 5,31f). Und so ist, wie das *Zweite Vatikanische Konzil* sagt, die Kirche das „universale Heilssakrament" *(Lumen gentium* 48), das für die Sünder, für uns da ist, um uns den Weg der Umkehr, der Heilung und des Lebens zu eröffnen. Das ist die immerwährende große Sendung der Kirche, die ihr von Christus übertragen ist.

Manche bleiben mit ihrem Blick auf die Kirche an ihrer äußeren Gestalt hängen. Dann erscheint die Kirche nur mehr als eine der vielen Organisationen innerhalb einer demokratischen Gesellschaft, nach deren Maßstäben und Gesetzen dann auch die so sperrige Größe „Kirche" zu beurteilen und zu behandeln ist. Wenn dann auch noch die leidvolle Erfahrung dazukommt, daß es in der Kirche gute und schlechte Fische, Weizen und Unkraut gibt, und der Blick auf das Negative fixiert bleibt, dann erschließt sich das große und schöne Mysterium der Kirche nicht mehr.

Dann kommt auch keine Freude mehr auf über die Zugehörigkeit zu diesem Weinstock „Kirche". Es verbreiten sich Unzufriedenheit und Mißvergnügen, wenn man die eigenen oberflächlichen und fehlerhaften Vorstellungen von „Kirche", die eigenen „Kirchenträume" nicht verwirklicht sieht! Da verstummt dann auch das frohe „Dank sei dem Herrn, der mich aus Gnad' in seine Kirche berufen hat", das Generationen von Katholiken mit Überzeugung gesungen haben.

Aber kehren wir zum Evangelium zurück. Der Herr fährt so fort: „Bleibt in mir, dann bleibe ich in euch. Wie die Rebe aus sich keine Frucht bringen kann, sondern nur, wenn sie am Weinstock bleibt, so könnt auch ihr keine Frucht bringen, wenn ihr nicht in mir bleibt, … denn getrennt von mir – wir könnten auch übersetzen: außerhalb von mir – könnt ihr nichts vollbringen" (Joh 15,4).

Vor diese Entscheidung ist jeder von uns gestellt. Wie ernst sie ist, sagt uns der Herr wiederum in seinem Gleichnis: „Wer nicht in mir bleibt, wird wie die Rebe weggeworfen, und er verdorrt. Man sammelt

Nach einer so harmonischen Begegnung mit den Vertretern der Jüdischen Gemeinde fährt der Papst auf direktem Wege ins Olympiastadion, wo bereits über 61.000 Gläubige seiner Ankunft entgegenfiebern.Einige Tausend von ihnen sind schon am Vorabend in die Hauptstadt gekommen, wo sie mit dem neuen Erzbischof von Berlin, Rainer Maria Woelki, in der St.-Bonifatius-Kirche das Meßopfer feierten und sich in einer gelungenen Auftaktveranstaltung mit anschließender Eucharistischer Anbetung, begleitet von Jugendlichen der „Nightfever"-Bewegung, auf den großen Tag einstimmten.

Daß der Gottesdienst mit dem Nachfolger Petri in der Bundeshauptstadt vor so vielen Menschen überhaupt zustande kommt, ist dem beherzten Einsatz engagierter Katholiken zu verdanken. Als Papst Benedikt XVI. im November 2010 seinen Besuch in Berlin ankündigte, fürchtete man sich dort offenbar vor einer Blamage. Zu gut erinnerte

die weggeworfenen Reben, wirft sie ins Feuer, und sie verbrennen" (Joh 15,6). Dazu kommentiert der heilige Augustinus: „Eines von beiden kommt der Rebe zu, entweder der Weinstock oder das Feuer; wenn sie nicht im Weinstock ist, wird sie im Feuer sein; damit sie also nicht im Feuer sei, möge sie im Weinstock sein" *(In Ioan. Ev. tract. 81,3 [PL 35, 1842])*.

Die hier geforderte Wahl macht uns eindringlich die grundlegende Bedeutung unserer Lebensentscheidung bewußt. Aber zugleich ist das Bild vom Weinstock ein Zeichen der Hoffnung und der Zuversicht. Christus selbst ist durch seine Menschwerdung in diese Welt gekommen, um unser Wurzelgrund zu sein. In aller Not und Dürre ist er die Quelle, die das Wasser des Lebens schenkt, die uns nährt und stärkt. Er selbst nimmt alle Sünde, Angst und Leid auf sich und reinigt und verwandelt uns schließlich geheimnisvoll in gute Reben, die guten Wein bringen. Manchmal fühlen wir uns in solchen Stunden der Not wie in die Kelter geraten, wie Trauben, die völlig ausgepreßt werden. Aber wir wissen, mit Christus verbunden werden wir zu reifem Wein. Auch das Schwere und Bedrückende unseres Lebens weiß Gott in Liebe zu verwandeln. Wichtig ist, daß wir am Weinstock, bei Christus „bleiben". Der Evangelist verwendet das Wort „bleiben" in diesem kurzen Abschnitt ein dutzendmal. Dieses „In-Christus-Bleiben" prägt das ganze Gleichnis. In unserer Zeit der Rastlosigkeit und Beliebigkeit, wo so viele Menschen Orientierung und Halt verlieren, wo die Treue der Liebe in Ehe und Freundschaft so zerbrechlich und kurzlebig geworden ist, wo wir in unserer Not wie die Emmausjünger rufen wollen: „Herr bleibe bei uns, denn es ist Abend (vgl. Lk 24,29), es ist Dunkel um uns!" In dieser Zeit schenkt uns der Auferstandene eine Bleibe, einen Ort des Lichtes, der Hoffnung und der Zuversicht, der Ruhe und der Geborgenheit. Wo den Rebzweigen Dürre und Tod drohen, da ist in Christus Zukunft, Leben und Freude. Da ist immer Vergebung und Neubeginn, Verwandlung in seine Liebe hinein.

man sich noch an den historischen Besuch Johannes Pauls II. vor 15 Jahren, als Demonstranten randalierten und das Papamobil mit Eiern bewarfen. So sehr hatte der Mißbrauchsskandal das katholische Selbstvertrauen geschwächt, daß man sich zunächst nur traute, eine Papstmesse in der Kirche „Regina Martyrum" zu planen, die Teil der Gedenkstätte Plötzensee ist und an die Opfer des Nationalsozialismus erinnert. Dort hätten jedoch nur ein paar hundert Gläubige Platz gefunden. Drei Monate später war man mutig genug, sich eine Papstmesse vor dem Schloß Charlottenburg vorzustellen, wo immerhin ganze 10.000 Menschen

Platz gefunden hätten. Erst als auch hier alles aus den Nähten zu platzen drohte, entschied man sich für das Naheliegende, das Berliner Olympiastadion. Dort hatte Johannes Paul II. schon am 23. Juni 1996 den von den Nazis ermordeten Berliner Dompropst Bernhard Lichtenberg seliggesprochen. Seitdem kam es nicht mehr darauf an, wer die imposante Arena erbaut hatte, sondern in welchem Geist dort gebetet und gefeiert wird.

In kürzester Zeit meldeten sich über 70.000 Menschen für die Papstmesse im Olympiastadion an, alle späteren Anfragen wurden abgewiesen. Daß trotzdem an diesem Abend „nur" 61.000

BENEDIKT XVI.
IN BERLIN

In Christus bleiben heißt, wie wir bereits gesehen haben, auch in der Kirche bleiben. Die ganze Gemeinschaft der Gläubigen ist in den Weinstock Christus fest hineinverfügt. In Christus gehören wir zusammen. In dieser Gemeinschaft trägt er uns und zugleich tragen alle Glieder sich gegenseitig. Wir halten gemeinsam Stand gegen den Sturm und geben einander Schutz. Wer glaubt ist nicht allein. Wir glauben nicht alleine, wir glauben mit der ganzen Kirche aller Orten und Zeiten, mit der Kirche im Himmel und auf der Erde.

Die Kirche als Verkünderin des Wortes Gottes und Spenderin der Sakramente verbindet uns mit Christus, dem wahren Weinstock. Die Kirche als „Fülle und Ergänzung des Erlösers", wie Pius XII. sie genannt hat (Pius XII., *Mystici corporis*, AAS 35 [1943] S. 230: „plenitudo et complementum Redemptoris"), ist uns Unterpfand des göttlichen Lebens und Vermittlerin der Früchte, von denen das Gleichnis des Weinstocks spricht. So ist die Kirche das schönste Geschenk Gottes. Daher konnte Augustinus sagen: „In dem Maß, wie einer die Kirche liebt, hat er den Heiligen Geist" (*In Ioan. Ev. tract.* 32, 8 [PL 35, 1646]). Mit der Kirche und in der Kirche dürfen wir allen Menschen verkünden, daß Christus die Quelle des Lebens ist, daß er da ist, daß er das Große ist, nach dem wir Ausschau halten und uns sehnen. Er schenkt sich selbst und schenkt uns damit Gott, das Glück, die Liebe. Wer an Christus glaubt, hat Zukunft. Denn Gott will nicht das Dürre, das Tote, das Gemachte, das am Ende weggeworfen wird, sondern das Fruchtbare und das Lebendige, das Leben in Fülle und er gibt uns Leben in Fülle.

Liebe Schwestern und Brüder! Das wünsche ich euch allen, uns allen, daß ihr immer tiefer die Freude entdeckt, in der Kirche mit allen ihren Nöten und Dunkelheiten mit Christus verbunden zu sein, daß ihr in allen Nöten Trost und Erlösung findet, daß wir alle immer mehr zum köstlichen Wein der Freude und der Liebe Christi für diese Welt werden. Amen.

gekommen sind, hat allein organisatorische Gründe; die meisten Tickets wurden viel zu spät verschickt, um rechtzeitig Gruppenreisen planen zu können. Die besonders engagierte Initiative „Deutschland pro Papa" etwa erhielt ihr Kontingent von immerhin 3900 Karten sogar erst am Vortag ausgehändigt, und das nach einem zunächst abschlägigen Bescheid. Noch während der Papstmesse stehen Hunderte polnischer Pilger trotz 9000 leerer Plätze vor verschlossenen Toren, weil es ihnen einfach nicht gelang, im Vorfeld Karten zu erhalten. Doch trotz dieser organisatorischen Wermutstropfen: für die vielen Tausend, die es unbeirrt nach Berlin geschafft haben, wird die Papstmesse vor dieser beeindruckenden architektonischen Kulisse und unter dem geradezu dramatisch beleuchteten Wolkenhimmel zu einem unvergeßlichen Erlebnis.

Für Minuten öffnen sich die Schleusen des Himmels, überrascht ein Wolkenbruch die zuversichtlichen Pilger. Es scheint, als wolle er den ganzen Schmutz davonschwemmen, den die nachmittägliche Demonstration in Berlin hinterlassen hat. Doch so plötzlich er einsetzt, so schnell ist er auch vorbei, hüllt die Abendsonne wieder alles in ihr warmes Licht. Von nun an soll sie nie mehr von dem Besucher aus Rom weichen. Und so bleibt das Wetter dann auch. So stürmisch, wie diese viertägige Reise auch begonnen hat, mit jedem Tag wird es wärmer, setzt sie sich ein wenig mehr durch, bis die Pilger in Freiburg trotz Frühherbst noch einen der schönsten Sommertage des Jahres erleben. Vom „Papstwetter" sprechen plötzlich die Organisatoren. Und manchmal erscheint auch das wie ein Zeichen des Himmels.

Nach einer Fahrt im Papamobil auf der Tartanbahn im Innenraum des Stadions, wo einst Jesse Owens seine Runden drehte, begleitet von dem begeisterten Jubel und den „Benedetto!"-Rufen der Menge, wird Benedikt XVI. durch den Regierenden Bürgermeister von Berlin, Klaus Wowereit, begrüßt. Danach heißt Erzbischof Woelki den hohen Besuch auch im Namen seiner Diözese herzlich willkommen. „Diese Stadt ist keine gottlose Stadt", versichert der neue Oberhirte der Hauptstadt seinem Gast, „sie ist sogar eine Stadt der Märtyrer. In keiner deutschen Stadt sind im 20. Jahrhundert mehr Christen als Zeugen für Christus und seine Botschaft gestorben als in Berlin". Dieses Zeugnis verdiene es, weitergetragen zu werden, betont Woelki und schenkt dem Papst ein „Plötzenseer Diptychon", einen Fensterrahmen mit den goldenen Namen der Blutzeugen aus dem Schreckenshaus der Nazis, in dem zwischen 1934 und 1945 genau 2891 Menschen hingerichtet wurden, weil sie dem Unrecht widerstanden

hatten. Fast andächtig, mit gefalteten Händen, nimmt Benedikt XVI. das symbolträchtige Geschenk entgegen.

Pünktlich um 18.30 Uhr beginnt an diesem Abend die Eucharistiefeier mit dem Papst, dann hält er seine erste Predigt zur Lage der Kirche in Deutschland.

Die Messe im Olympiastadion wird zu einem wahren Fest des Glaubens. Zum Abschluß erklingt aus 61.000 Kehlen das "Te Deum": „Großer Gott, wir loben dich", während Benedikt XVI. sich auf den Rückweg in die Nuntiatur macht. Dort erwarten ihn ein privates Abendessen und die verdiente Nachtruhe. Den ersten, den politischen Tag seiner Reise hat er selbst auf glattestem Parkett mit Bravour überstanden. Mit seiner Rede im Bundestag hat er Geschichte geschrieben, sein Einzug in das Olympiastadion ist zu einem Triumphzug geworden, der alle, die noch in den Tagen vor der Reise von einer „Papstverdrossenheit der deutschen Katholiken" sprachen, Lügen straft. Jetzt kann er sich ganz den innerkirchlichen Fragen, aber auch der Ökumene widmen, den Themen, die in Erfurt und Freiburg im Mittelpunkt stehen sollen.

Bild S. 43: Dank an den Erzbischof von Berlin Rainer Maria Woelki.

Bild S. 47: Bundespräsident Lammert hilft der Bundeskanzlerin in ein Regencape.

Bild S. 51: Mit Ali Dere, Professor für islamische Theologie.

Bild S. 52: Der Apostolische Nuntius Erzbischof Jean-Claude Périsset in der Hauskapelle.

Ansprache vor Vertretern der muslimischen Gemeinde
Apostolische Nuntiatur Berlin

Liebe muslimische Freunde!

Ich freue mich, Sie als Vertreter verschiedener muslimischer Gemeinschaften in Deutschland heute hier willkommen zu heißen. Sehr herzlich danke ich Professor Mouhanad Khorchide für die freundlichen Worte der Begrüßung und die tiefen Reflexionen, die er uns vorgelegt hat. Sie zeigen, wie zwischen der katholischen Kirche und den muslimischen Gemeinschaften in Deutschland ein Klima des Respekts und des Vertrauens gewachsen ist und das gemeinsam uns Tragende sichtbar wird.

Berlin ist ein günstiger Ort für ein solches Treffen, nicht nur weil sich hier die älteste Moschee auf Deutschlands Boden befindet, sondern auch weil in Berlin die meisten Muslime im Vergleich zu allen anderen Städten Deutschlands wohnen.

Die Anwesenheit zahlreicher muslimischer Familien ist seit den 70er Jahren des vergangenen Jahrhunderts zunehmend ein Merkmal dieses Landes geworden. Allerdings wird es notwendig sein, beständig daran zu arbeiten, sich gegenseitig besser kennenzulernen und zu verstehen. Dies ist nicht nur für ein friedvolles Zusammenleben wichtig, sondern auch für den Beitrag, den jeder für den Aufbau des Gemeinwohls in dieser Gesellschaft zu leisten vermag.

Viele Muslime messen der religiösen Dimension des Lebens große Bedeutung bei. Das wird zuweilen als Provokation aufgefaßt in einer Gesellschaft, die dazu neigt, diesen Aspekt an den Rand zu drängen oder ihn höchstens im Bereich der privaten Entscheidungen des einzelnen gelten zu lassen.

Die katholische Kirche setzt sich entschieden dafür ein, daß der öffentlichen Dimension der Religionszughörigkeit eine angemessene Anerkennung zuteil wird. In einer überwiegend pluralistischen Gesellschaft wird dieser Anspruch nicht bedeutungslos. Dabei ist darauf zu achten, daß der Respekt gegenüber dem anderen stets gewahrt bleibt. Dieser gegenseitige Respekt füreinander wächst nur auf der Basis des Einvernehmens über einige unveräußerliche Werte, die der Natur des Menschen eigen sind, insbesondere der unverletzlichen Würde jeder einzelnen Person als Geschöpf Gottes. Dieses Einvernehmen schränkt den Ausdruck der verschiedenen Religionen nicht ein; im Gegenteil erlaubt es jedem Menschen, konstruktiv zu bezeugen, woran er glaubt, ohne sich dem Vergleich mit dem anderen zu entziehen.

In Deutschland – wie in vielen anderen, nicht nur westlichen Ländern – ist dieser allgemeine Bezugsrahmen durch die Verfassung vorgegeben, deren rechtlicher Gehalt für jeden Bürger verbindlich ist, sei er nun Mitglied einer Glaubensgemeinschaft oder nicht.

Sicher ist die Diskussion über die beste Formulierung von Prinzipien wie der öffentlichen Religionsausübung weitgreifend und immer offen, allerdings ist die Tatsache bedeutsam, daß das deutsche Grundgesetz sie nun schon seit über 60 Jahren in einer bis heute gültigen Weise zum Ausdruck bringt (vgl. Art. 4, 2). In ihm fin-

den wir vor allem jenes gemeinsame Ethos, das Grundlage des menschlichen Zusammenlebens ist und das in gewisser Weise auch die scheinbar nur formalen Regeln des Funktionierens der institutionellen Organe und des demokratischen Lebens prägt.

Wir könnten uns fragen, wieso ein solcher Text, der in einer radikal verschiedenen geschichtlichen Epoche, also in einer fast einheitlich christlichen kulturellen Situation, erarbeitet wurde, auch für das heutige Deutschland paßt, das in einer Situation einer globalisierten Welt lebt und durch einen bemerkenswerten Pluralismus im Bereich der Glaubensüberzeugungen geprägt ist.

Mir scheint, der Grund dafür liegt in der Tatsache, daß den Vätern des Grundgesetzes in jenem wichtigen Augenblick voll bewußt war, einen wirklich soliden Grund suchen zu müssen, auf dem alle Bürger sich wiederfinden konnten und der für alle tragende Grundlage sein kann über Verschiedenheiten hinweg. Indem sie so handelten, auf die Menschenwürde und die Verantwortung vor Gott abzustellen, sahen sie nicht von der eigenen Glaubenszugehörigkeit ab; für nicht wenige von ihnen war ja das christliche Menschenbild die wahre inspirierende Kraft. Sie wußten aber, daß sich alle Menschen mit anderen konfessionellen und auch nichtreligiösen Hintergründen auseinandersetzen müssen: Der gemeinsame Grund für alle wurde in der Anerkennung einiger unveräußerlicher Rechte gefunden, die der menschlichen Natur eigen sind und jeder positiven Formulierung vorausgehen.

In dieser Weise legte eine damals im wesentlichen homogene Gesellschaft das Fundament, das wir heute als gültig für eine vom Pluralismus geprägte Zeit ansehen dürfen. Ein Fundament, das in Wirklichkeit auch einem solchen Pluralismus seine offensichtlichen Grenzen zeigt: Es ist nämlich nicht denkbar, daß eine Gesellschaft sich auf lange Sicht ohne einen Konsens über die grundlegenden ethischen Werte halten kann.

Liebe Freunde! Auf der Grundlage dessen, was ich hier angedeutet habe, scheint mir eine fruchtbare Zusammenarbeit zwischen Christen und Muslimen möglich zu sein. Und damit tragen wir zum Aufbau einer

Gesellschaft bei, die in vieler Hinsicht von dem, was wir aus der Vergangenheit mitbrachten, verschieden ist. Als Menschen des Glaubens können wir, von unseren jeweiligen Überzeugungen ausgehend, ein wichtiges Zeugnis in vielen entscheidenden Bereichen des gesellschaftlichen Lebens geben. Ich denke hier z. B. an den Schutz der Familie auf der Grundlage der Ehegemeinschaft, an die Ehrfurcht vor dem Leben in jeder Phase seines natürlichen Verlaufs oder an die Förderung einer größeren sozialen Gerechtigkeit.

Auch deshalb halte ich es für wichtig, einen Tag der Reflexion, des Dialogs und des Gebets für Frieden und Gerechtigkeit in der Welt zu begehen. Dies wollen wir, wie Sie wissen, am kommenden 27. Oktober in Assisi durchführen, 25 Jahre nach dem historischen Treffen dort unter der Leitung meines Vorgängers, des seligen Papstes Johannes Paul II. Mit dieser Zusammenkunft wollen wir in schlichter Weise zum Ausdruck bringen, daß wir als Menschen des Glaubens unseren besonderen Beitrag für den Aufbau einer besseren Welt leisten, wobei wir zugleich die Notwendigkeit anerkennen, für die Wirksamkeit unserer Taten im Dialog und in der gegenseitigen Wertschätzung zu wachsen.

Mit diesen Gedanken entbiete ich Ihnen nochmals meinen herzlichen Gruß und danke Ihnen für diese Begegnung, die für den Aufenthalt in meinem Vaterland für mich eine große Bereicherung ist. Vielen Dank für Ihre Aufmerksamkeit!

Gleich nach der Frühmesse, die er im privaten Kreis zelebriert, empfängt Papst Benedikt XVI. am Freitag morgen um 9.00 Uhr 15 Vertreter des Islam in der Apostolischen Nuntiatur. Nach der Vorstellung durch Erzbischof Zollitsch hält Prof. Dr. Mouhanad Khorchide, Inhaber des Lehrstuhls für islamische Religionspädagogik am Centrum für Religiöse Studien (CRS) der Westfälischen Wilhelms-Universität in Münster, eine kurze Ansprache. Er hebt hervor, daß man in Deutschland „mitten im Prozeß der Etablierung der islamischen Theologie an deutschen Universitäten" stehe und spricht sich für eine Intensivierung des islamisch-christlichen Dialogs aus.

Danach bringt eine Wagenkolonne den Papst und seine Mitarbeiter zum Flughafen Berlin-Tegel, wo exakt um 10.11 Uhr eine A340 der Bundesluftwaffe in Richtung Erfurt startet.

Ansprache vor Vertretern des Rats der evangelischen Kirche in Deutschland

Augustinerkloster Erfurt

Liebe Brüder und Schwestern!

Wenn ich hier das Wort ergreife, möchte ich zunächst von Herzen danken, daß wir da zusammenkommen können. Mein besonderer Dank gilt Ihnen, lieber Bruder Präses Schneider, daß Sie mich willkommen geheißen und mich durch Ihre Worte in Ihre Runde aufgenommen haben. Sie haben Ihr Herz geöffnet, den wirklich gemeinsamen Glauben, die Sehnsucht nach Einheit offen ausgedrückt. Und wir freuen uns auch, denn ich glaube, daß diese Sitzung, unsere Begegnungen auch als das Fest der Gemeinsamkeit des Glaubens begangen werden. Ich möchte allen noch danken für das Geschenk von Ihnen, daß wir hier, an diesem historischen Ort miteinander als Christen sprechen dürfen.

Für mich als Bischof von Rom ist es ein tief bewegender Augenblick, hier im alten Augustinerkloster zu Erfurt mit Ihnen zusammenzutreffen.Wir haben es eben gehört: Hier hat Luther Theologie studiert. Hier ist er zum Priester geweiht worden. Gegen den Wunsch seines Vaters ist er nicht beim Studium der Rechte geblieben, sondern hat Theologie studiert und sich auf den Weg zum Priestertum in der Ordensgemeinschaft des heiligen Augustinus gemacht. Und auf diesem Weg ging es ihm ja nicht um dieses oder jenes. Was ihn umtrieb, war die Frage nach Gott, die die tiefe Leidenschaft und Triebfeder seines Lebens und seines ganzen Weges gewesen ist. „Wie kriege ich einen gnädigen Gott": Diese Frage hat ihn ins Herz getroffen und stand hinter all seinem theologischen Suchen und Ringen. Theologie war für Luther keine akademische Angelegenheit, sondern das Ringen um sich selbst, und dies wiederum war ein Ringen um Gott und mit Gott.

„Wie kriege ich einen gnädigen Gott?" Daß diese Frage die bewegende Kraft seines ganzen Weges war, trifft mich immer wieder ins Herz. Denn wen kümmert das eigentlich heute noch – auch unter Christenmenschen? Was bedeutet die Frage nach Gott in unserem Leben? In unserer Verkündigung? Die meisten Menschen, auch Christen, setzen doch heute voraus, daß Gott sich für unsere Sünden und Tugenden letztlich nicht interessiert. Er weiß ja, daß wir alle nur Fleisch sind. Und sofern man überhaupt an ein Jenseits und ein Gericht Gottes glaubt, setzen wir doch praktisch fast alle voraus, daß Gott großzügig sein muß und schließlich mit seiner Barmherzigkeit schon über unsere kleinen Fehler hinwegschauen wird. Die Frage bedrängt uns nicht mehr. Aber sind sie eigentlich so klein, unsere Fehler? Wird nicht die Welt verwüstet durch die Korruption der Großen, aber auch der Kleinen, die nur an ihren eigenen Vorteil denken? Wird sie nicht verwüstet durch die Macht der Drogen, die von der Gier nach Leben und nach Geld einerseits, von der Genußsucht andererseits der ihr hingegebenen Menschen lebt? Wird

sie nicht bedroht durch die wachsende Bereitschaft zur Gewalt, die sich nicht selten religiös verkleidet? Könnten Hunger und Armut Teile der Welt so verwüsten, wenn in uns die Liebe zu Gott und von ihm her die Liebe zum Nächsten, zu seinen Geschöpfen, den Menschen, lebendiger wäre? Und so könnte man fortfahren. Nein, das Böse ist keine Kleinigkeit. Es könnte nicht so mächtig sein, wenn wir Gott wirklich in die Mitte unseres Lebens stellen würden. Die Frage: Wie steht Gott zu mir, wie stehe ich vor Gott – diese brennende Frage Luthers muß wieder neu und gewiß in neuer Form auch unsere Frage werden, nicht akademisch sondern real. Ich denke, daß dies der erste Anruf ist, den wir bei der Begegnung mit Martin Luther hören sollten.

Und dann ist wichtig: Gott, der eine Gott, der Schöpfer des Himmels und der Erde, ist etwas anderes als eine philosophische Hypothese über den Ursprung des Kosmos. Dieser Gott hat ein Gesicht, und er hat uns angeredet. Er ist im Menschen Jesus Christus einer von uns geworden – wahrer Gott und wahrer Mensch zugleich. Luthers Denken, seine ganze Spiritualität war durchaus christozentrisch: „Was Christum treibet", war für Luther der entscheidende hermeneutische Maßstab für die Auslegung der Heiligen Schrift. Dies aber setzt voraus, daß Christus die Mitte unserer Spiritualität und daß die Liebe zu ihm, das Mitleben mit ihm unser Leben bestimmt.

Nun könnte man vielleicht sagen: Schön und gut, aber was hat dies alles mit unserer ökumenischen Situation zu tun? Ist dies alles vielleicht nur ein Versuch, sich an den drängenden Problemen vorbeizureden, in denen wir auf praktische Fortschritte, auf konkrete Ergebnisse warten? Ich antwortete darauf: Das Notwendigste für die Ökumene ist zunächst einmal, daß wir nicht unter dem Säkularisierungsdruck die großen Gemeinsamkeiten fast unvermerkt verlieren, die uns überhaupt zu Christen machen und die uns als Gabe und Auftrag geblieben sind. Es war der Fehler des konfessionellen Zeitalters, daß wir weithin nur das Trennende gesehen und gar nicht existentiell wahrgenommen haben, was uns mit den großen Vorgaben der Heiligen Schrift und der altchristlichen Bekenntnisse gemeinsam ist. Es ist für mich der große ökumenische Fortschritt der letzten Jahrzehnte, daß uns diese Gemeinsamkeit bewußt geworden

Kurz vor 11.00 Uhr landet die Papstmaschine auf dem Erfurter Flughafen, wo Benedikt XVI. von der Thüringischen Ministerpräsidentin Christine Lieberknecht und dem Erfurter Bischof Joachim Wanke begrüßt wird. Auch weitere Spitzenvertreter aus Politik und Kirche in Ostdeutschland, einige Gläubige und eine Gruppe Kinder aus Thüringen sind zu seinem Empfang gekommen. Bei einem Vier-Augen-Gespräch mit Lieberknecht wird gleich der Dialog mit den Protestanten eröffnet, der als wichtigster Programmpunkt des zweiten Besuchstages gilt. Lieberknecht ist studierte Theologin, überreicht dem Papst ihre Diplomarbeit zur Rechtfertigungslehre. Benedikt XVI. verspricht, sie zu lesen.

Doch zunächst bringt ihn sein Konvoi zum Erfurter Mariendom, der bedeutendsten mittelalterlichen Kathedrale Ostdeutschlands. Er wurde zwischen dem 13. und dem 14. Jahrhundert erbaut und ersetzte damals eine Marienkapelle, die der

ist, daß wir sie im gemeinsamen Beten und Singen, im gemeinsamen Eintreten für das christliche Ethos der Welt gegenüber, im gemeinsamen Zeugnis für den Gott Jesu Christi in dieser Welt als unsere gemeinsame, unverlierbare Grundlage erkennen.

Freilich, die Gefahr, daß wir sie verlieren, ist nicht irreal. Ich möchte zwei Gesichtspunkte kurz notieren. Die Geographie des Christentums hat sich in jüngster Zeit tiefgehend verändert und ist dabei, sich weiter zu verändern. Vor einer neuen Form von Christentum, die mit einer ungeheuren und in ihren Formen manchmal beängstigenden missionarischen Dynamik sich ausbreitet, stehen die klassischen Konfessionskirchen oft ratlos da. Es ist ein Christentum mit geringer institutioneller Dichte, mit wenig rationalem und mit noch weniger dogmatischem Gepäck, auch mit geringer Stabilität. Dieses weltweite Phänomen – von dem ich von Bischöfen aus aller Welt immer wieder höre – stellt uns alle vor die Frage: Was hat diese neue Form von Christentum uns zu sagen, positiv und negativ? Auf jeden Fall stellt es uns neu vor die Frage, was das bleibend Gültige ist und was anders werden kann oder muß – vor die Frage unserer gläubigen Grundentscheidung.

Tiefgehender und in unserem Land brennender ist die zweite Herausforderung an die ganze Christenheit, von der ich sprechen möchte: der Kontext der säkularisierten Welt, in dem wir heute als Christen unseren Glauben leben und bezeugen müssen. Die Abwesenheit Gottes in unserer Gesellschaft wird drückender, die Geschichte seiner Offenbarung, von der uns die Schrift erzählt, scheint in einer immer weiter sich entfernenden Vergangenheit angesiedelt. Muß man dem Säkularisierungsdruck nachgeben, modern werden durch Verdünnung des Glaubens? Natürlich muß der Glaube heute neu gedacht und vor allem neu gelebt werden, damit er Gegenwart wird. Aber nicht Verdünnung des Glaubens hilft, sondern nur ihn ganz zu leben in unserem Heute. Dies ist eine zentrale ökumenische Aufgabe, in der wir uns gegenseitig helfen müssen: tiefer und lebendiger zu glauben. Nicht Taktiken retten uns, retten das Christentum, sondern neu gedachter und neu gelebter Glaube, durch den Christus und mit ihm der lebendige Gott in diese unsere Welt hereintritt. Wie uns die Märtyrer der Nazizeit zueinander geführt und

heilige Bonifatius, der Missionar der Deutschen und Gründer des Bistums Erfurt, im 8. Jahrhundert gestiftet hat. Die benachbarte dreitürmige Pfarrkirche St. Severi ist seit dem 9. Jahrhundert bezeugt. Als imposante Gesamtanlage sind die beiden Kirchen gleichermaßen das Wahrzeichen wie das geistliche Herz der Stadt, das auch das Jahrhundert der beiden Diktaturen und Kriege unbeschadet überstand. Vom Domprobst und dem Domkapitel herzlich willkommengeheißen,

begibt sich der Papst für ein stilles Gebet zum Altar. Im Domchor sind die Gebeine der Erfurter Heiligen Adalar und Eoban, zweier Gefährten des Bistumsgründers Bonifatius, aufgebahrt. Im Kreuzgang trifft Benedikt XVI. 15 Vertreter der Theologischen Fakultät der Universität Erfurt, der einzigen katholischen Fakultät in den neuen Bundesländern. Dann besucht er das Grab eines Weggefährten, des früheren Erfurter Bischofs Hugo Aufderbeck (1909–1981), den er auf dem

die große erste ökumenische Öffnung bewirkt haben, so ist auch heute der in einer säkularisierten Welt von innen gelebte Glaube die stärkste ökumenische Kraft, die uns zueinander führt, der Einheit in dem einen Herrn entgegen. Und darum bitten wir Ihn, daß wir neu den Glauben zu leben lernen und daß wir so dann eins werden.

Zweiten Vatikanischen Konzil kennengelernt hatte und in den folgenden Jahren immer wieder in Erfurt besuchte. Ein letztes Gebet an diesem Vormittag gilt dem mittelalterlichen Marien-bildnis des Doms, der „Sedes Sapientiae", dem „Sitz der Weisheit". Dann bricht das Oberhaupt der katholischen Kirche auf, um Martin Luther näherzukommen als je ein Papst es vor ihm wagte. Er besucht das Erfurter Augustinerkloster, in dem der spätere Reformator von 1505 bis 1512 als Mönch lebte, wo er 1507 als Priester seine erste Messe gelesen, wo sein theologischer Weg seinen

Anfang genommen hat. Denn der Dialog mit den Protestanten ist eines der Ziele, die sich Benedikt XVI. für diese Reise in das Land der Reformation gesetzt hat.

Der Vorsitzende des Rates der Evangelischen Kirche in Deutschland (EKD), Präses Nikolaus Schneider, und die Thüringer Landesbischöfin Ilse Junkermann begrüßen ihn, stellen ihm 15 weitere Ratsmitglieder der EKD vor. Doch es bleibt nicht beim Austausch von Höflichkeiten. In einer Ansprache plädiert Schneider zunächst für eine „Ökumene der Gaben", lädt ein zu „kon-

kreten Wegen der Aussöhnung". Junkermann verweist auf das verbindende Element zwischen Abendmahl und Eucharistie, das „Gedenken an unseren Herrn Jesus Christus". Doch der Papst sieht den Schwerpunkt des Dialogs in anderen Aspekten.

Bilder S. 53–55: Papst Benedikt wird vom Erfurter Bischof Joachim Wanke durch den Sankt Marien Dom geführt.

Bild S. 57: Begegnung mit Vertretern des Rats der EKD.

Bild S. 60: Bundeskanzlerin Merkel mit der thüringischen Ministerpräsidentin Christine Lieberknecht.

Bilder S. 61–65: Der ökumenische Gottesdienst, herzliche Umarmung mit Präses Nikolaus Schneider.

Ansprache im ökumenischen Gottesdienst
Augustinerkloster Erfurt

Liebe Schwestern und Brüder!

„Nicht nur für diese hier bitte ich, sondern auch für alle, die durch ihr Wort an mich glauben" (Joh 17,20) – so hat Jesus im Abendmahlssaal zum Vater gesagt. Er bittet für die künftigen Generationen von Glaubenden. Er blickt über den Abendmahlssaal hinaus in die Zukunft hinein. Er hat gebetet auch für uns. Und er bittet um unsere Einheit. Dieses Gebet Jesu ist nicht einfach Vergangenheit. Immer steht er fürbittend für uns vor dem Vater, und so steht er in dieser Stunde mitten unter uns und will uns in sein Gebet hineinziehen. Im Gebet Jesu ist der innere Ort unserer Einheit. Wir werden dann eins sein, wenn wir uns in dieses Gebet hineinziehen lassen. Sooft wir uns als Christen im Gebet zusammenfinden, sollte uns dieses Ringen Jesu um uns und mit dem Vater für uns ins Herz treffen. Je mehr wir uns in dieses Geschehen hineinziehen lassen, desto mehr verwirklicht sich Einheit.

Ist das Gebet Jesu unerhört geblieben? Die Geschichte der Christenheit ist sozusagen die sichtbare Seite dieses Dramas, in dem Christus mit uns Menschen ringt und leidet. Immer wieder muß er den Widerspruch zur Einheit erdulden, und doch auch immer wieder vollzieht sich Einheit mit ihm und so mit dem dreieinigen Gott. Wir müssen beides sehen: Die Sünde des Menschen, der sich Gott versagt und sich in sein Eigenes zurückzieht, aber auch die Siege Gottes, der die Kirche erhält durch ihre Schwachheit hindurch und immer neu Menschen in sich hineinzieht und so zueinander führt. Deshalb sollten wir bei einer ökumenischen Begegnung nicht nur die Trennungen und Spaltungen beklagen, sondern Gott für alles danken, was er uns an Einheit erhalten hat und immer neu schenkt. Und diese Dankbarkeit muß zugleich Bereitschaft sein, die so geschenkte Einheit nicht zu verlieren mitten in einer Zeit der Anfechtung und der Gefahren.

Die grundlegende Einheit besteht darin, daß wir an Gott, den Allmächtigen, den Vater, den Schöpfer des Himmels und der Erde glauben. Daß wir ihn als den Dreifaltigen bekennen – Vater, Sohn und Heiliger Geist. Die höchste Einheit ist nicht monadische Einsamkeit, sondern Einheit durch Liebe. Wir glauben an Gott – den konkreten Gott. Wir glauben daran, daß Gott zu uns gesprochen hat und einer von uns geworden ist. Diesen lebendigen Gott zu bezeugen ist unsere gemeinsame Aufgabe in der gegenwärtigen Stunde.

Braucht der Mensch Gott, oder geht es auch ohne ihn ganz gut? Wenn in einer ersten Phase der Abwesenheit Gottes sein Licht noch nachleuchtet und die Ordnungen des menschlichen Daseins zusammenhält, so scheint es, daß es auch ohne Gott ganz gut geht. Aber je weiter die Welt sich von Gott entfernt, desto klarer wird, daß der Mensch in der Hybris der Macht, in der Leere des Herzens und im Verlangen nach Erfüllung und Glück immer mehr das Leben verliert. Der Durst nach dem Unendlichen ist

im Menschen unausrottbar da. Der Mensch ist auf Gott hin erschaffen und braucht ihn. Unser erster ökumenischer Dienst in dieser Zeit muß es sein, gemeinsam die Gegenwart des lebendigen Gottes zu bezeugen und damit der Welt die Antwort zu geben, die sie braucht. Zu diesem Grundzeugnis für Gott gehört natürlich ganz zentral das Zeugnis für Jesus Christus, wahrer Mensch und wahrer Gott, der mit uns gelebt hat, für uns gelitten hat und für uns gestorben ist und in der Auferstehung die Tür des Todes aufgerissen hat. Liebe Freunde, stärken wir uns in diesem Glauben! Helfen wir uns, ihn zu leben. Dies ist eine große ökumenische Aufgabe, die uns mitten ins Gebet Jesu hineinführt.

Die Ernsthaftigkeit des Glaubens an Gott zeigt sich im Leben seines Wortes. Sie zeigt sich in unserer Zeit ganz praktisch im Eintreten für das Geschöpf, das er als sein Ebenbild wollte – für den Menschen. Wir leben in einer Zeit, in der die Maßstäbe des Menschseins fraglich geworden sind. Ethik wird durch das Kalkül der Folgen ersetzt. Demgegenüber müssen wir als Christen die unantastbare Würde des Menschen verteidigen, von der Empfängnis bis zum Tod – in den Fragen der Pränatalen Implantationsdiagnostik bis zur Sterbehilfe. „Nur wer Gott kennt, kennt den Menschen", hat Romano Guardini einmal gesagt. Ohne Erkenntnis Gottes wird der Mensch manipulierbar. Der Glaube an Gott muß sich in unserem gemeinsamen Eintreten für den Menschen konkretisieren. Zum Eintreten für den Menschen gehören nicht nur diese grundlegenden Maßstäbe der Menschlichkeit, sondern vor allem und ganz praktisch die Liebe, wie sie uns Jesus Christus im Gleichnis vom Weltgericht lehrt (Mt 25): Der richtende Gott wird uns danach beurteilen, wie wir den Nächsten, wie wir den Geringsten seiner Brüder begegnet sind. Die Bereitschaft, in den Nöten dieser Zeit über den eigenen Lebensrahmen hinaus zu helfen, ist eine wesentliche Aufgabe des Christen.

Dies gilt, wie gesagt, zunächst im persönlichen Lebensbereich jedes einzelnen. Aber es gilt dann in der Gemeinschaft eines Volkes und eines Staates, in der wir alle füreinander einstehen müssen. Es gilt für unseren Kontinent, in dem wir zur europäischen Solidarität gerufen sind. Und es gilt endlich über alle Grenzen hinweg: Die christliche Nächstenliebe verlangt heute auch unseren Einsatz für die Gerechtigkeit in der weiten Welt. Ich weiß, daß von den Deutschen und von Deutschland viel getan wird, damit allen Menschen ein menschenwürdiges Dasein ermöglicht wird, und möchte dafür ein Wort herzlichen Dankes sagen.

Nachdem der Papst um 12.46 Uhr, begleitet von den Bischöfen und Würdenträgern der EKD, in die Kirche des Augustinerklosters eingezogen ist, wird im Rahmen eines Ökumenischen Wortgottesdienstes die Fürbitte für alle Glaubenden aus dem Abschiedsgebet des Herrn aus dem Johannesevangelium verlesen: „Alle sollen eins sein" (Joh 17,21). Dann ergreift Benedikt XVI. das Wort.

Nach dem gemeinsamen Gebet des Vaterunsers, spricht der EKD-Ratspräsident vor den Versammelten den aaronitischen Segen, während der Papst seinen apostolischen Segen im Namen der Heiligen Dreifaltigkeit erteilt. Um 13.27 bringt ihn ein Wagen zurück in seine Residenz, das Erfurter Priesterseminar, zu einem Mittagessen mit den Mitgliedern seines Seguito und einer kleinen Siesta.

Schließlich möchte ich noch eine tiefere Dimension unserer Verpflichtung zur Liebe ansprechen. Die Ernsthaftigkeit des Glaubens zeigt sich vor allem auch dadurch, daß er Menschen inspiriert, sich ganz für Gott und von Gott her für die anderen zur Verfügung zu stellen. Die großen Hilfen werden nur konkret, wenn es vor Ort diejenigen gibt, die ganz für den anderen da sind und damit die Liebe Gottes glaubhaft werden lassen. Solche Menschen sind ein wichtiges Zeichen für die Wahrheit unseres Glaubens.

Im Vorfeld meines Besuches war verschiedentlich von einem ökumenischen Gastgeschenk die Rede, das man sich von einem solchen Besuch erwarte. Die Gaben, die dabei genannt wurden, brauche ich nicht einzeln anzuführen. Dazu möchte ich sagen, daß dies so, wie es meistens erschien, ein politisches Mißverständnis des Glaubens und der Ökumene darstellt. Wenn ein Staatsoberhaupt ein befreundetes Land besucht, gehen im allgemeinen Kontakte zwischen den Instanzen voraus, die den Abschluß eines oder auch mehrerer Verträge zwischen den beiden Staaten vorbereiten: In der Abwägung von Vor- und Nachteilen entsteht der Kompromiß, der schließlich für beide Seiten vorteilhaft erscheint, so daß dann das Vertragswerk unterschrieben werden kann. Aber der Glaube der Christen beruht nicht auf einer Abwägung unserer Vor- und Nachteile. Ein selbstgemachter Glaube ist wertlos. Der Glaube ist nicht etwas, was wir ausdenken und aushandeln. Er ist die Grundlage, auf der wir leben. Nicht durch Abwägung von Vor- und Nachteilen, sondern nur durch tieferes Hineindenken und Hineinleben in den Glauben wächst Einheit. Auf solche Weise ist in den letzten 50 Jahren, besonders auch seit dem Besuch von Papst Johannes Paul II. vor 30 Jahren, viel Gemeinsamkeit gewachsen, für die wir nur dankbar sein können. Ich denke gern an die Begegnung mit der von Bischof Lohse geführten Kommission zurück, in der ein solches gemeinsames Hineindenken und Hineinleben in den Glauben geübt wurde. Allen, die daran mitgewirkt haben, von katholischer Seite besonders Kardinal Lehmann, möchte ich herzlichen Dank aussprechen. Ich versage mir, weitere Namen zu nennen – der Herr kennt sie alle. Miteinander können wir alle nur dem Herrn danken für die Wege der Einheit, die er uns geführt hat, und in demütigem Vertrauen einstimmen in sein Gebet: Laß uns eins werden, wie du mit dem Vater eins bist, damit die Welt glaube, daß er dich gesandt hat (vgl. Joh 17,21).

Gewiss ist die Begegnung mit den Protestanten im „Kloster Luthers" der kontroverseste Moment des Papstbesuches in Deutschland. Der Grund dafür ist nicht etwa der gegenseitig ausgesprochene Respekt der Oberhäupter zweier Konfessionen, die doch in vielen theologischen Fragen so grundverschieden sind; es sind vielmehr Erwartungen, die nicht erfüllbar sind. Wer sich als „ökumenisches Gastgeschenk" die Zulassung protestantischer Ehepartner zur Eucharistie erhofft hat, der muß zwangsläufig enttäuscht werden. Denn das würde bedeuten, daß der Papst die gesamte katholische Sakramentenlehre auf den Kopf stellt. Für viele Protestanten ist das Abendmahl ein symbolischer Akt, der an Jesus Christus erinnert, für den Katholiken aber ist die Eucharistie so viel mehr: die Wandlung von Brot und Wein in den Leib und das Blut Christi! So wurde die Transsubstantiationslehre, der Glaube an die Realpräsenz des Herrn im heiligsten aller Sakra-

mente, von zwei Konzilien (Lateran 1215, Trient 1545–63) als verbindliches Dogma definiert und bestätigt. Eine so zentrale Glaubenswahrheit ist keine Verfügungsmasse im ökumenischen Dialog, sie ist, wie der Papst erklärt, nicht verhandelbar. Wer auf die Worte des Priesters: „Der Leib Christi", mit „Amen" antwortet, der bejaht von ganzem Herzen diese Wahrheit, sonst muß er auch weiterhin auf den Kommunionempfang verzichten.

Indem er mit falschen Erwartungen aufräumt, hat der Papst in Erfurt eine neue Grundlage für den ökumenischen Dialog mit den Protestanten geschaffen: er ist jetzt ernsthaft geworden. „Ich bin zufrieden", kommentierte dann auch der Präses der Evangelischen Kirche in Deutschland den Ausgang des Treffens. Nur die „Süddeutsche Zeitung" redete ihren Lesern trotzdem ein: „Papst enttäuscht Protestanten".

Ansprache in der Marienvesper

Wallfahrtskapelle Etzelsbach

Liebe Schwestern und Brüder!

Ganz herzlich möchte ich euch alle begrüßen, die ihr hier zu dieser Gebetsstunde nach Etzelsbach gekommen seid. Ich habe seit meiner Jugend so viel vom Eichsfeld gehört, daß ich dachte, ich muß es einmal sehen und mit euch zusammen beten. Ich danke herzlich Bischof Wanke, der mir euern Landstrich vorgestellt hat schon im Herfliegen, und ich danke euern Sprechern und Vertretern, die mir sinnbildliche Gaben eures Landes überreicht haben und mir zugleich die Vielfalt dieses Landes wenigstens andeuten konnten.

So bin ich sehr glücklich, daß mein Wunsch in Erfüllung gegangen ist, das Eichsfeld zu besuchen und hier in Etzelsbach mit euch zusammen Maria zu danken. „Hier im trauten stillen Tal", heißt es in einem Wallfahrtslied, „unter den alten Linden" schenkt uns Maria Geborgenheit und neue Kraft. In zwei gottlosen Diktaturen, die es darauf anlegten, den Menschen ihren angestammten Glauben zu nehmen, waren sich die Eichsfelder gewiß, hier am Gnadenort Etzelsbach eine offene Tür und eine Stätte inneren Friedens zu finden. Die besondere Freundschaft zu Maria, die daraus gewachsen ist, wollen wir – auch mit dieser heutigen Marienvesper – weiter pflegen.

Wenn sich Christen zu allen Zeiten und an allen Orten an Maria wenden, dann lassen sie sich dabei von der spontanen Gewißheit leiten, daß Jesus seiner Mutter ihre Bitten nicht abschlagen kann; und sie stützen sich auf das unerschütterliche Vertrauen, daß Maria zugleich auch unsere Mutter ist – eine Mutter, die das größte aller Leiden erfahren hat, alle unsere Nöte mitempfindet und mütterlich auf ihre Überwindung sinnt. Wie viele Menschen sind Jahrhunderte hindurch zu Maria gepilgert, um vor dem Bild der Schmerzensreichen – wie hier in Etzelsbach – Trost und Stärkung zu finden!

Schauen wir ihr Bildnis an! Eine Frau mittleren Alters mit schweren Augenlidern vom vielen Weinen, den Blick zugleich versonnen in die Ferne gerichtet, als bewegte sie alles, was geschehen war, in ihrem Herzen. Auf ihrem Schoß liegt der Leichnam des Sohnes, sie faßt ihn behutsam und liebevoll, wie eine kostbare Gabe. Wir sehen die Spuren der Kreuzigung auf seinem entblößten Leib. Der linke Arm des Toten weist senkrecht nach unten. Vielleicht war die Skulptur der Pietà, wie oft üblich, ursprünglich über einem Altar aufgestellt. Der Gekreuzigte weist so mit seinem ausgestreckten Arm auf das Geschehen auf dem Altar hin, wo das heilige Opfer, das er vollbracht hat, in der Eucharistie Gegenwart wird.

Eine Besonderheit des Gnadenbilds von Etzelsbach ist die Lage des Gekreuzigten. Bei den meisten Pietà-Darstellungen liegt der tote Jesus mit dem Kopf nach links. Der Betrachter kann so die Seitenwunde des Gekreuzigten sehen. Hier in Etzelsbach jedoch ist die Seitenwunde verdeckt, weil der Leichnam gerade nach der anderen Seite ausgerichtet ist. Mir scheint, daß sich in dieser Darstellung eine tiefe Bedeutung verbirgt, die sich erst in ruhiger Betrachtung erschließt: Im Etzelsbacher Gnadenbild sind die Herzen Jesu

und seiner Mutter einander zugewandt; die Herzen kommen einander nahe. Sie tauschen einander ihre Liebe aus. Wir wissen, daß das Herz auch das Organ der tiefsten Sensibilität für den anderen wie des innigsten Mitgefühls ist. Im Herzen Marias ist Platz für die Liebe, die ihr göttlicher Sohn der Welt schenken will.

Die Marienverehrung konzentriert sich auf die Betrachtung der Beziehung zwischen der Mutter und ihrem göttlichen Sohn. Die Gläubigen haben betend, leidend, dankend und freudig immer wieder neue Aspekte und Attribute gefunden, die uns dieses Geheimnis besser erschließen können, z.B. im Bild des Unbefleckten Herzens Marias als Symbol der tiefen und der vorbehaltlosen Einheit der Liebe mit Christus. Nicht die Selbstverwirklichung, das sich selber Haben- und Machen-Wollen schafft die wahre Entfaltung des Menschen, wie es heute als Leitbild modernen Lebens propagiert wird, das leicht zu einem verfeinerten Egoismus umschlägt. Vielmehr ist es die Haltung der Hingabe, des sich Weggebens, die auf das Herz Marias und damit auf das Herz Christi ausgerichtet ist und auf den Nächsten ausgerichtet ist und so uns erst uns selber finden läßt.

„Wir wissen, daß Gott bei denen, die ihn lieben, alles zum Guten führt, bei denen, die nach seinem ewigen Plan berufen sind" (Röm 8,28), so haben wir gerade in der Lesung aus dem Römerbrief gehört. Gott hat bei Maria alles zum Guten geführt, und er hört nicht auf, durch Maria das Gute sich weiter ausbreiten zu lassen in der Welt. Vom Kreuz herab, vom Thron der Gnade und der Erlösung, hat Jesus seine Mutter Maria den Menschen zur Mutter gegeben. Im Moment seiner Aufopferung für die Menschheit macht er Maria gleichsam zur Vermittlerin des Gnadenstroms, der vom Kreuz ausgeht. Unter dem Kreuz wird Maria zur Gefährtin und Beschützerin der Menschen auf ihrem Lebensweg. „In ihrer mütterlichen Liebe trägt sie Sorge für die Brüder und Schwestern ihres Sohnes, die noch auf der Pilgerschaft sind und in Gefahren und Bedrängnissen weilen, bis sie zur ewigen Heimat gelangen", so hat es das Zweite Vatikanische Konzil formuliert *(Lumen gentium,* 62). Ja, wir gehen durch Höhen und Tiefen, aber Maria tritt für uns ein bei ihrem Sohn und hilft uns, die Kraft seiner göttlichen Liebe zu finden und sich ihr zu öffnen.

Das Eichsfeld ist nicht nur eine katholische Enklave in Deutschlands überwiegend protestantischem Osten, es ist vor allem die Heimat der Standhaften. Weder Nationalsozialismus noch SED-Diktatur konnten die heute rund 83.000 Katholiken im Nordwesten Thüringens von ihrem Glauben abbringen. Eine zentrale Rolle in ihrer ländlich geprägten Frömmigkeit spielt dabei die Wallfahrtskapelle Etzelsbach, zu der noch heute zum Fest Mariä Heimsuchung (der Sonntag

Unser Vertrauen auf die wirksame Fürsprache der Gottesmutter und unsere Dankbarkeit für die immer wieder erfahrene Hilfe tragen in sich selbst gleichsam den Impuls, über die Bedürfnisse des Augenblicks hinauszudenken. Was will Maria uns eigentlich sagen, wenn sie uns aus einer Not errettet? Sie will uns helfen, die Weite und Tiefe unserer christlichen Berufung zu erfassen. Sie will uns in mütterlicher Behutsamkeit verstehen lassen, daß unser ganzes Leben Antwort sein soll auf die erbarmungsreiche Liebe unseres Gottes. Begreife – so scheint sie uns zu sagen –, daß Gott, der die Quelle alles Guten ist und der nie etwas anderes will als dein wahres Glück, das Recht hat, von dir ein Leben zu fordern, das sich ganz

nach dem 2. Juli) Tausende Pilger strömen. Der Höhepunkt des Festes ist die sogenannte „Pferdewallfahrt". Nach altem Brauch führen die Reiter ihre Tiere um die Kapelle, lassen sie danach von einem Priester segnen. So stehen in Etzelsbach Lob, Dank und Bitte für das Wohlergehen von Mensch und Tier im Mittelpunkt.

Die Geschichte des Gnadenortes geht bis ins Mittelalter zurück. Dort, wo heute die Wallfahrtskapelle allein auf weiter Flur steht, soll sich einst

ein Dorf befunden haben, das seine Bewohner, wohl aus wirtschaftlichen Gründen, vielleicht aber auch wegen der Pest im 15. Jahrhundert aufgegeben haben. 1525, während der Bauernkriege, wurde die längst verlassene Dorfkapelle restlos zerstört. Erst gut ein Jahrhundert später, so besagt es die Legende von Etzelsbach, soll ein Bauer beim Pflügen mit seinen Pferden auf das Bild der Schmerzhaften Gottesmutter gestoßen sein, das heute in Etzelsbach verehrt wird, und ihm eine

und freudig seinem Willen überantwortet und danach trachtet, daß auch die anderen ein Gleiches tun. „Wo Gott ist, da ist Zukunft". In der Tat – wo wir Gottes Liebe ganz über unser Leben und in unserem Leben wirken lassen, da ist der Himmel offen. Da ist es möglich, die Gegenwart so zu gestalten, daß sie mehr und mehr der Frohbotschaft unseres Herrn Jesus Christus entspricht. Dort haben die kleinen Dinge des Alltags ihren Sinn, und dort finden die großen Probleme ihre Lösung.

In dieser Gewißheit beten wir zu Maria, in dieser Gewißheit glauben wir an Jesus Christus, unseren Herrn und Gott. Amen.

neue Kapelle errichtet haben. Jedenfalls sind seit dem 17. Jahrhundert auch Wallfahrten nach Etzelsbach bezeugt, die schon früh im Volksglauben vor „Menschen- und Viehsterben" schützen sollten. Seit 1898 ersetzt eine neue Kapelle ihren baufällig gewordenen Vorgängerbau.

Als der Papst um 16.30 Uhr vom Priesterseminar Erfurt aus zum Flughafen fährt, wo ihn ein Helikopter in das 83 Kilometer entfernte Etzelsbach bringen soll, haben sich schon Zehntausende Pilger auf dem Feld vor der Gnadenkapelle versammelt.

Hier mußte eigens eine ganze Infrastruktur geschaffen werden, um die vielen Gläubigen empfangen zu können: Auf einer ehemaligen Kuhweide wurden Wege geschaffen, eine Altarbühne errichtet, ein Helikopter-Landeplatz angelegt, mußten Zäune und Zelte, Toiletten und Videowände aufgebaut, ein Pressezelt und eine Notverpflegung mit Sanitätsdienst eingerichtet und eine ganze Autobahnstrecke gesperrt und zum Busparkplatz umfunktioniert werden – ein Aufwand von rund 6 Millionen Euro. Doch wer an diesem Abend in die glücklichen Gesichter der über 90.000 Pilger blickt, der muß zugeben, daß sich die Investition gelohnt hat. Sie legten Wegstrecken von bis zu 15 Kilometern zurück und nahmen stundenlange Wartezeichen in Kauf,

um gemeinsam mit dem Heiligen Vater zu „ihrer" Gottesmutter zu beten.

Gegen 17.30 Uhr landet, vom Applaus der Menge begrüßt, der Papsthelikopter gleich hinter der Wallfahrtskapelle. Nach einer Fahrt durch die Menge im Papamobil und der Begrüßung durch Bischof Wanke und Jugendliche des Bistums betet Benedikt XVI. mit den Gläubigen die Vesper, das traditionelle Abendgebet der Kirche. Er trägt einen prachtvollen, rotgoldenen Chormantel aus Goldbrokat, den Paderborner Ordensschwestern in wochenlanger, mühsamer Arbeit eigens für diesen Tag angefertigt haben. In seiner Predigt geht er schließlich auf die Bedeutung des Gnadenbildes von Etzelsbach ein.

Das goldene Abendlicht ist längst der dunklen Nacht gewichen, doch noch immer liegt ein süßer Duft wie ein Zauber über dem Land. Nach einer eucharistischen Anbetung und dem sakramentalen Segen zieht Benedikt XVI. sich zurück, um in der Wallfahrtskirche vor dem Gnadenbild zu beten. In der Sakristei trifft er Thüringens Ex-Ministerpräsident Dieter Althaus, der ihn schon vor Jahren ins Eichsfeld eingeladen hatte, aber auch den Bürgermeister und den Dorfpfarrer von Etzelsbach.

Etwa zeitgleich demonstrieren höchstens ein paar hundert Papstgegner in Erfurt. Es ist nicht ihr Tag, soviel steht fest. Nach dem schwierigen Pflaster der Ökumene ist Benedikt XVI. im ländlich-frommen Eichsfeld wieder bei sich angekommen, am Herzen der Kirche, das ein Mütterliches ist.

Der Tag endet überraschend mit einer Meldung, die sofort durch die Ticker der Nachrichtenagenturen jagt: Der Papst trifft sich im Erfurter Priesterseminar mit Mißbrauchsopfern. Bewegt und erschüttert von ihrer Not drückt Benedikt XVI. sein tiefes Mitgefühl und Bedauern aus für alles, was ihnen und ihren Familien angetan wurde. Er versichert den Betroffenen, daß den Verantwortlichen in der Kirche an der Aufarbeitung aller Mißbrauchsdelikte gelegen ist und sie darum bemüht sind, wirksame Maßnahmen zum Schutz von Kindern und Jugendlichen zu fördern. Papst Benedikt XVI. ist den Opfern nahe und bringt seine Hoffnung zum Ausdruck, daß der barmherzige Gott, der Schöpfer und Erlöser aller Menschen, die Wunden der Mißbrauchten heilen und ihnen inneren Frieden schenken möge.

Predigt in der Eucharistiefeier auf dem Erfurter Domplatz

Liebe Brüder und Schwestern!

„Preiset den Herrn zu aller Zeit, denn er ist gut". So haben wir eben vor dem Evangelium gesungen. Ja, wir haben wirklich Grund, Gott von ganzem Herzen zu danken. Wenn wir uns in dieser Stadt zurückversetzen in das Elisabethjahr 1981 vor 30 Jahren, zur Zeit der DDR – wer hätte geahnt, daß wenige Jahre später Mauer und Stacheldraht an den Grenzen fallen würden? Und wenn wir noch weiter zurückgehen, etwa 70 Jahre, bis in das Jahr 1941, zur Zeit des Nationalsozialismus, im großen Krieg – wer hätte voraussagen können, daß das „Tausendjährige Reich" schon vier Jahre später in Schutt und Asche versinken sollte?

Liebe Brüder und Schwestern, hier in Thüringen und in der früheren DDR, habt ihr eine braune und eine rote Diktatur ertragen müssen, die für den christlichen Glauben wie saurer Regen wirkte. Viele Spätfolgen dieser Zeit sind noch aufzuarbeiten, vor allem im geistigen und im religiösen Bereich. Die Mehrzahl der Menschen in diesem Lande lebt mittlerweile fern vom Glauben an Christus und von der Gemeinschaft der Kirche. Doch zeigen die letzten beiden Jahrzehnte auch gute Erfahrungen: ein erweiterter Horizont, ein Austausch über Grenzen hinweg, eine gläubige Zuversicht, daß Gott uns nicht im Stich läßt und uns neue Wege führt. „Wo Gott ist, da ist Zukunft".

Wir alle sind davon überzeugt, daß die neue Freiheit geholfen hat, dem Menschen größere Würde und vielfältige neue Möglichkeiten zu eröffnen. Viele Erleichterungen dürfen wir seitens der Kirche dankbar hervorheben, seien es neue Möglichkeiten der pfarrlichen Aktivitäten, seien es Renovierung und Erweiterung von Kirchen und Gemeindezentren, seien es diözesane Initiativen von pastoraler oder kultureller Art. Aber diese Frage steht natürlich vor uns: Haben diese Möglichkeiten uns auch ein Mehr an Glauben gebracht? Ist der Wurzelgrund des Glaubens und des christlichen Lebens nicht tiefer als in der gesellschaftlichen Freiheit zu suchen? Viele entschiedene Katholiken sind gerade in der schwierigen Situation einer äußeren Bedrängnis Christus und der Kirche treu geblieben. Wo stehen wir heute? Diese Menschen haben persönliche Nachteile in Kauf genommen, um ihren Glauben zu leben. Danken möchte ich hier den Priestern und ihren Mitarbeitern und Mitarbeiterinnen aus jener Zeit. Erinnern möchte ich besonders an die Flüchtlingsseelsorge unmittelbar nach dem Zweiten Weltkrieg: Da haben viele Geistliche und Laien Großartiges geleistet, um die Not der Vertriebenen zu lindern und ihnen eine neue Heimat zu schenken. Aufrichtiger Dank gilt nicht zuletzt den Eltern, die inmitten der Diaspora und in einem kirchenfeindlichen politischen Umfeld ihre Kinder im katholischen Glauben erzogen haben. Mit Dankbarkeit möchte ich an die Religiösen Kinderwochen in den Ferien erinnern sowie an die fruchtbare Arbeit der katholischen Jugendhäuser „Sankt Sebastian" in Erfurt und „Marcel Callo" in Heiligenstadt. Besonders im Eichsfeld widerstanden viele katholische Christen der kommunistischen Ideologie. Gott möge die Treue

im Glauben allen reich vergelten. Das mutige Zeugnis und das geduldige Leben mit ihm, das geduldige Vertrauen auf die Führung Gottes sind wie ein kostbarer Same, der für die Zukunft eine reiche Frucht verheißt.

Die Gegenwart Gottes zeigt sich immer besonders deutlich in den Heiligen. Ihr Glaubenszeugnis kann uns auch heute Mut machen zu einem neuen Aufbruch. Denken wir hier vor allem an die Schutzheiligen des Bistums Erfurt: die Heiligen Elisabeth von Thüringen, Bonifatius und Kilian. Elisabeth kam aus einem fremden Land, aus Ungarn, auf die Wartburg nach Thüringen. Sie führte ein intensives Leben des Gebets, verbunden mit dem Geist der Buße und der Armut des Evangeliums. Regelmäßig stieg sie aus ihrer Burg hinab in die Stadt Eisenach, um dort persönlich Arme und Kranke zu pflegen. Ihr Leben auf dieser Erde war nur kurz – sie wurde nur vierundzwanzig Jahre alt –, aber die Frucht ihrer Heiligkeit reicht über die Jahrhunderte hin. Die heilige Elisabeth wird auch von evangelischen Christen sehr geschätzt; sie kann uns allen helfen, die Fülle des Glaubens, seine Schönheit und seine Tiefe und seine verwandelnde und reinigende Kraft zu entdecken und in unseren Alltag zu übersetzen.

Auf die christlichen Wurzeln unseres Landes weist auch die Gründung des Bistums Erfurt im Jahre 742 durch den heiligen Bonifatius hin. Dieses Ereignis bildet gleichzeitig die erste urkundliche Erwähnung der Stadt Erfurt. Der Missionsbischof Bonifatius war aus England gekommen, und zu seinem Arbeitsstil gehörte es, daß er in wesentlicher Einheit und in enger Verbindung mit dem Bischof von Rom, dem Nachfolger des heiligen Petrus wirkte; er wußte, daß die Kirche eins sein muß um Petrus herum. Wir verehren ihn als „Apostel Deutschlands"; er starb als Märtyrer. Zwei seiner Gefährten, die das Blutzeugnis für den christlichen Glauben mit ihm teilten, sind hier im Erfurter Dom begraben: die Heiligen Eoban und Adelar.

Schon vor den angelsächsischen Missionaren hat der heilige Kilian in Thüringen gewirkt, ein Wandermissionar aus Irland. Gemeinsam mit zwei Gefährten starb er in Würzburg als Märtyrer, weil er das moralische Fehlverhalten des dort ansässigen thüringischen Herzogs kritisierte. Und nicht vergessen

Über 30.000 Menschen haben sich vor der historischen Kulisse des Erfurter Mariendoms und der benachbarten Severikirche versammelt, als um kurz vor 9.00 Uhr das Papamobil den Domplatz überquert. Begleitet vom Jubel der Menge hält es schließlich vor den Stufen zur Altarplattform, die zuvor schon zum Ziel einer festlichen Prozession aus Kardinälen, Bischöfen, Priestern, Diakonen und Ministranten geworden ist. Bischof Wanke begrüßt den Papst im Namen aller Thüringer, der wiederum mit seiner Meßfeier die größte Heilige des Bistums ehrt, die heilige Elisabeth von Thüringen (1207–1231). Seine Predigt jedoch ist nicht weniger als das Fazit aus 1300 Jahren Kirchengeschichte in Ostdeutschland.

Nach der Eucharistiefeier, als die „Gloriosa" längst verklungen ist, findet noch eine Begegnung statt, die so sehr zu den Anklängen an die deutsche Geschichte paßt, um die es in der Papstpredigt ging. Benedikt XVI. begrüßt den vermutlich

wollen wir schließlich den hl. Severus, den Schutzheiligen der Severi-Kirche hier am Domplatz: Im vierten Jahrhundert war er Bischof von Ravenna; seine Gebeine wurden im Jahre 836 nach Erfurt gebracht, um den christlichen Glauben in dieser Gegend tiefer zu verankern. Von den Toten ging doch das lebendige Zeugnis der immerwährenden Kirche aus, des Glaubens, der alle Zeiten befruchtet und der uns den Weg des Lebens zeigt.

Fragen wir: Was haben diese Heiligen gemeinsam? Wie können wir das Besondere ihres Lebens beschreiben und doch verstehen, daß es uns angeht und in unser Leben hineinwirken kann? Die Heiligen zeigen uns zunächst, daß es möglich und gut ist, in der Beziehung zu Gott zu leben und diese Beziehung radikal zu leben, sie an die erste Stelle zu setzen, nicht irgendwo auch noch ein Eckfeld auszusparen. Die Heiligen verdeutlichen uns die Tatsache, daß seinerseits Gott sich uns zuerst zugewandt hat. Wir könnten nicht zu ihm hinreichen, uns irgendwie ins Unbekannte hinein ausstrecken, wenn er nicht zuerst uns geliebt hätte, wenn er nicht zuerst uns entgegengegangen wäre. Nachdem er schon den Vätern in den Worten der Berufung entgegengegangen war, hat er sich uns in Jesus Christus selbst gezeigt und zeigt sich uns immerfort in ihm. Christus kommt auch heute auf uns zu, er spricht jeden einzelnen an, wie er es eben im Evangelium getan hat, und lädt jeden von uns ein, ihm zuzuhören, ihn verstehen zu lernen und ihm nachzufolgen. Diesen Anruf und diese Chance haben die Heiligen genutzt, den konkreten Gott haben sie anerkannt, ihn gesehen und gehört und sind auf ihn zugegangen, mit ihm gegangen; sie haben sich innen her sozusagen von ihm anstecken lassen und haben sich ausgestreckt auf ihn – in der beständigen Zwiesprache des Gebets – und von ihm das Licht erhalten, das ihnen das wahre Leben erschließt.

Glaube ist immer auch wesentlich ein Mitglauben. Niemand kann allein glauben. Wir empfangen den Glauben – so sagt uns Paulus – durch das Hören, und Hören ist ein Vorgang des Miteinanderseins, geistig und leiblich. Nur in dem großen Miteinander der Glaubenden aller Zeiten, die Christus gefunden haben, von ihm gefunden worden sind, kann ich glauben. Daß ich glauben kann, verdanke ich zunächst Gott,

letzten Überlebenden aus dem berüchtigten „Priesterblock" des Nazi-Konzentrationslagers Dachau, den heute 98jährigen Hermann Schei- pers aus dem Münsterland. Der greise Prie- ster, einst Mithäftling des seligen Karl Leisner (1915–1945), war von 1941 bis 1945 in Dachau interniert. Nach dem Zweiten Weltkrieg wirkte er während der DDR-Zeit im Bistum Dresden- Meißen, 1983 kehrte er in das Bistum Münster zurück. Jetzt nahm er im Rollstuhl am Papstgot-

der sich mir zuwendet und meinen Glauben sozusagen „anzündet". Aber ganz praktisch verdanke ich meinen Glauben meinen Mitmenschen, die vor mir geglaubt haben und mit mir glauben. Dieses große „Mit", ohne das es keinen persönlichen Glauben geben kann, ist die Kirche. Und diese Kirche macht nicht vor Ländergrenzen halt, das zeigen uns die Nationalitäten der Heiligen, die ich genannt habe: Ungarn, England, Irland und Italien. Hier zeigt sich, wie wichtig der geistliche Austausch ist, der sich über die ganze Weltkirche erstreckt. Ja, er war grundlegend für das Werden der Kirche in unserem Land, er bleibt grundlegend für alle Zeiten: daß wir miteinander über die Kontinente hin glauben und voneinander glauben lernen. Wenn wir uns dem ganzen Glauben in der ganzen Geschichte und dessen Bezeugung in der ganzen Kirche öffnen, dann hat der katholische Glaube auch als öffentliche Kraft in Deutschland Zukunft. Zugleich zeigen uns die Heiligengestalten, von denen ich sprach, die große Fruchtbarkeit eines Lebens mit Gott, die Fruchtbarkeit dieser radikalen Liebe zu Gott und zum Nächsten. Heilige, selbst wo es nur wenige sind, verändern die Welt, und die großen Heiligen bleiben verändernde Kräfte alle Zeiten hindurch.

So waren die politischen Veränderungen des Jahres 1989 in unserem Land nicht nur durch das Verlangen nach Wohlstand und Reisefreiheit motiviert, sondern entscheidend durch die Sehnsucht nach Wahrhaftigkeit. Diese Sehnsucht wurde unter anderem durch Menschen wachgehalten, die ganz im Dienst für Gott und den Nächsten standen und bereit waren, ihr Leben zu opfern. Sie und die erwähnten Heiligen geben uns Mut, die neue Situation zu nutzen. Wir wollen uns nicht in einem bloß privaten Glauben verstecken, sondern die gewonnene Freiheit verantwortlich gestalten. Wir wollen, wie die Heiligen Kilian, Bonifatius, Adelar, Eoban und Elisabeth von Thüringen als Christen auf unsere Mitbürger zugehen und sie einladen, mit uns die Fülle der Frohen Botschaft, ihre Gegenwart und ihre Lebenskraft und Schönheit zu entdecken. Dann gleichen wir der berühmten Glocke des Erfurter Domes, die den Namen „Gloriosa" trägt, die „Glorreiche". Sie gilt als größte freischwingende mittelalterliche Glocke der Welt. Sie ist ein lebendiges Zeichen für unsere tiefe Verwurzelung in der christlichen Überlieferung, aber auch ein Signal des Aufbruchs und der missionarischen Einladung. Sie wird auch heute in dieser Festmesse an ihrem Ende erklingen. Sie möge uns dazu ermuntern, nach dem Beispiel der Heiligen das Zeugnis Christi sichtbar und hörbar zu machen in der Welt, die Herrlichkeit Gottes hörbar und schaubar zu machen und so zu leben in einer Welt, in der Gott da ist und Leben schön und sinnvoll werden läßt. Amen.

tesdienst teil; an seinem Meßgewand trug er sein KZ-Abzeichen mit der Häftlingsnummer 24255.

Nach einem kurzen Gespräch mit Scheipers bringt eine Wagenkolonne den Papst zum Flug-hafen, wo um 11.50 Uhr eine A340 der Bundes-luftwaffe abhebt. Ihr Ziel ist der Flughafen Lahr bei Freiburg im Breisgau, die letzte Etappe der Papstreise.

Begrüßung der Freiburger Bürgerschaft

Münsterplatz, Freiburg im Breisgau

Liebe Freunde!

Mit großer Freude grüße ich euch alle und danke euch für den herzlichen Empfang, den ihr mir bereitet habt. Ich bin glücklich, daß ich nach den schönen Begegnungen in Berlin und in Erfurt nun bei euch in Freiburg sein darf, von der Sonne beleuchtet und erwärmt. Ein besonderer Dank gilt dabei eurem lieben hochwürdigsten Herrn Erzbischof Dr. Robert Zollitsch für die Einladung – er hat mich so bedrängt, daß ich am Schluß sagen mußte, nach Freiburg muß ich wirklich kommen – und für seinen freundlichen Willkommensgruß.

„Wo Gott ist, da ist Zukunft", so lautet das Motto dieser Tage. Als Nachfolger des Apostels Petrus, dem ja der Herr aufgetragen hat im Abendmahlssaal, seine Brüder zu stärken (vgl. Lk 22,32), bin ich gerne zu euch gekommen in diese schöne Stadt, um mit euch gemeinsam zu beten, das Wort Gottes zu verkünden und gemeinsam die Eucharistie zu feiern. Ich bitte euch um euer Gebet, daß diese Tage fruchtbar werden, daß Gott unseren Glauben stärke, unsere Hoffnung festige und unsere Liebe groß werden lasse. In diesen Tagen möge uns erneut bewußt werden, wie sehr Gott uns liebt und daß er wirklich gut ist. Und so sollen wir von diesem Vertrauen erfüllt werden, daß er uns gut ist und daß er gute Macht hat, daß er uns und alles, was uns bewegt und wichtig ist, in seinen Händen trägt, und wir wollen es bewußt in seine Hände legen. In ihm ist unsere Zukunft gesichert, er schenkt unserem Leben Sinn, und er kann es zur Fülle führen. Der Herr geleite euch in Frieden und mache uns alle zu Boten seines Friedens! Danke herzlich für die Aufnahme!

Am Flughafen Lahr wird der Papst um 12.50 Uhr von Baden-Württembergs Ministerpräsidenten Winfried Kretschmann, dem Freiburger Erzbischof Robert Zollitsch, Bundesbildungsministerin Annette Schavan, dem Rheinland-Pfälzischen Ministerpräsidenten Kurt Beck sowie Vertretern des Freiburger Domkapitels, einer Reihe von Ehrengästen und rund hundert Kindern begrüßt. Gut eine Stunde später kommt sein aus 60 Limousinen bestehender Wagenkonvoi, von Polizei-Motorrädern und Hubschraubern der Bundespolizei eskortiert, auf der eigens für ihn gesperrten Autobahn A 5 in der Freiburger Innenstadt an.

Die rund 700 Meter lange Strecke zum Freiburger Liebfrauenmünster wird von mehr als 20.000 Menschen gesäumt, auch Trachtenträger stehen für den Papst Spalier, präsentieren ihm

stolz traditionelle Schwarzwalduhren und rote Bollenhüte. Von der Initiative „Freiburg ohne Papst", die als Logo ein rosa Kondom über das Freiburger Münster gestreift hat, ist dagegen nicht viel zu sehen; gerade einmal ein Dutzend Aktivisten bedient einen Infostand auf dem Rathausplatz.

Sein erster Weg führt den Heiligen Vater in die Kathedrale, wo er das Allerheiligste verehrt und den Angelus betet. Nach seinem Eintrag in die goldenen Bücher des Landes Baden-Württemberg und der Stadt Freiburg und dem Austausch von Geschenken tritt er auf den Münsterplatz, um zu den Tausenden Freiburgern zu sprechen, die ihn dort bei strahlendem Sonnenschein und hochsommerlichen Temperaturen erwarten.

Nach der Begrüßung der Freiburger zieht sich der Papst in seine Residenz im Erzbischöflichen Priesterseminar, dem „Collegium Borromaeum", zurück. Um 16.50 Uhr steht eine Begegnung mit Helmut Kohl auf dem Programm. Sie kommt auf ausdrücklichen Wunsch des Papstes zustande und ist als Würdigung seines Lebenswerkes als „Kanzler der Einheit" zu verstehen.

Pilger aus Magdeburg: Michael Hoffmann und sein Vater Johannes, Diakon i. R. Tochter Katharina singt anderntags im Papstchor mit.

Ansprache vor Vertretern der orthodoxen
und orientalischen Kirchen

Hörsaal des Priesterseminars zu Freiburg im Breisgau

Eminenzen, Exzellenzen!
Sehr geehrte Vertreter der orthodoxen und orientalischen Kirchen!

Es ist mir eine große Freude, daß wir uns heute hier zusammengefunden haben. Von Herzen danke ich Ihnen allen für Ihr Kommen und für die Möglichkeit dieses freundschaftlichen Austauschs. Einen besonderen Dank sage ich Ihnen, lieber Metropolit Augoustinos für Ihre tiefgehenden Worte. Es hat mich vor allem bewegt, was Sie über die Muttergottes gesagt haben und über die Heiligen, die alle Jahrhunderte umgreifen und einen. Und gern wiederhole ich in diesem Kreis, was ich an anderer Stelle gesagt habe: Unter den christlichen Kirchen und Gemeinschaften steht uns ohne Zweifel die Orthodoxie theologisch am nächsten; Katholiken und Orthodoxe haben die gleiche altkirchliche Struktur bewahrt; in diesem Sinn sind wir alle alte Kirche, die doch immer gegenwärtig und neu ist. Und so wagen wir zu hoffen, auch wenn menschlich immer wieder Schwierigkeiten auftreten, daß der Tag doch nicht zu ferne ist, an dem wir wieder gemeinsam Eucharistie feiern können (vgl. Licht der Welt. *Ein Gespräch mit Peter Seewald,* S. 111).

Mit Interesse und Sympathie verfolgt die katholische Kirche – und ich persönlich – die Entwicklung der orthodoxen Gemeinden in Westeuropa, die in den letzten Jahrzehnten einen merklichen Zuwachs verzeichnen. In Deutschland – so habe ich gelernt – leben heute ca. 1,6 Millionen orthodoxe und orientalische Christen. Sie sind ein fester Bestandteil der Gesellschaft geworden, der den Schatz der christlichen Kulturen und des christlichen Glaubens Europas belebt. Ich begrüße die Intensivierung der panorthodoxen Zusammenarbeit, die in den letzten Jahren wesentliche Fortschritte erzielt hat. Die Gründung orthodoxer Bischofskonferenzen dort, wo die orthodoxen Kirchen in der Diaspora sind – wovon Sie uns gesprochen haben –, ist Ausdruck der gefestigten innerorthodoxen Beziehungen. Ich freue mich, daß in Deutschland im vergangenen Jahr dieser Schritt vollzogen wurde. Mögen die Erfahrungen, die in diesen Bischofskonferenzen gemacht werden, den Verbund zwischen den orthodoxen Kirchen stärken und die Bestrebungen zu einem panorthodoxen Konzil weiter voranschreiten lassen.

Seit meiner Zeit als Professor in Bonn und dann besonders als Erzbischof von München und Freising habe ich durch Freundschaft mit Vertretern der orthodoxen Kirchen die Orthodoxie immer tiefer kennen- und liebengelernt. Es begann damals auch die Arbeit der Gemeinsamen Kommission der Deutschen Bischofskonferenz und der Orthodoxen Kirche. Mit ihren Texten zu pastoral-praktischen Fragen fördert sie seither das gegenseitige Verständnis und trägt zu einer Festigung und Weiterentwicklung der katholisch-orthodoxen Beziehungen in Deutschland bei.

Ebenso wichtig bleibt die Weiterarbeit an der Klärung theologischer Differenzen, weil deren Überwindung für die Wiederherstellung der vollen Einheit, die wir erhoffen und um die wir beten, unerläßlich ist. Wir wissen, daß es vor allem die Primatsfrage ist, um deren rechtes Verständnis wir weiter geduldig und demütig ringen müssen. Ich denke, dabei können uns die Gedanken zur Unterscheidung zwischen Wesen und Form der Ausübung des Primates, die Papst Johannes Paul der II. in der Enzyklika *Ut unum sint* (Nr. 95) vorgenommen hat, weiterhin fruchtbare Anstöße geben.

Dankbar blicke ich auch auf die Arbeit der Gemischten Internationalen Kommission für den theologischen Dialog zwischen der Katholischen Kirche und den orientalischen Orthodoxen Kirchen. Ich freue

Danach, um 17.15 Uhr, wird Benedikt XVI. im Hörsaal des Priesterseminars von 15 Vertretern der in Deutschland vertretenen orthodoxen und altorientalischen Kirchen erwartet. Sie repräsentieren hierzulande rund 1,6 Millionen Christen. Es ist eine herzliche Begegnung, die auf eine gemeinsame Zukunft hoffen läßt, sind hier doch die Gemeinsamkeiten so viel größer als das Trennende. Nach einer Begrüßung durch den Vorsitzenden der Orthodoxen Bischofskonferenz in Deutschland (OBKD), Metropolit Augoustinos, ergreift der Papst das Wort.

mich, verehrte Eminenzen und Vertreter der orientalischen Kirchen, in Ihnen Repräsentanten jener Kirchen zu treffen, die an diesem Dialog beteiligt sind. Die Ergebnisse, die dort erreicht wurden, lassen das Verständnis füreinander wachsen und uns einander näher kommen.

In der gegenwärtigen Zeitströmung, in der nicht wenige Menschen das öffentliche Leben von Gott sozusagen „befreien" wollen, gehen die christlichen Kirchen in Deutschland – unter ihnen gerade auch die orthodoxen und orientalischen Christen – vom Glauben an den einen Gott und Vater aller Menschen her Hand in Hand den Weg eines friedlichen Zeugnisses für Verständigung und Völkergemeinschaft. Dabei lassen sie nicht davon ab, das Wunder der Menschwerdung Gottes in das Zentrum der Verkündigung zu stellen. Im Bewußtsein, daß auf ihm jede Würde des Menschen beruht, treten sie gemeinsam für den Schutz des menschlichen Lebens von seiner Empfängnis bis zu seinem natürlichen Tod ein. Der Glaube an Gott, den Schöpfer des Lebens, und das unbedingte Festhalten an der Würde jedes Menschen bestärken gläubige Christen, jedem manipulativen und selektiven Eingriff am menschlichen Leben entschlossen entgegenzutreten. Im Wissen um den Wert von Ehe und Familie ist es uns zudem als Christen ein sehr wichtiges Anliegen, die Integrität und die Einzigartigkeit der Ehe zwischen einem Mann und einer Frau vor jeglicher Mißdeutung zu schützen. Hier leistet das gemeinsame Engagement der Christen, darunter der Orthodoxen und der orientalischen Orthodoxen, einen wertvollen Beitrag zum Aufbau einer zukunftsfähigen Gesellschaft, in der der menschlichen Person der ihr geschuldete Respekt entgegengebracht wird.

Am Schluß möchte ich den Blick auf Maria richten – Sie haben sie uns als die *Panagia* vorgestellt –, auf die *Hodegetria,* die „Wegführerin", die auch im Westen unter dem Titel „Unsere Liebe Frau vom Weg" verehrt wird. Die Allerheiligste Dreifaltigkeit hat der Menschheit die jungfräuliche Mutter Maria geschenkt, auf daß sie uns Menschen mit ihrer Fürbitte durch die Zeiten führe und uns den Weg weise in die Vollendung. Ihr wollen wir uns anvertrauen und unser Anliegen vorlegen, eine immer innigere Gemeinschaft in Christus zu werden zum Lob und zur Ehre seines Namens. Gott segne euch alle! Danke.

Bild S. 95: Der Regensburger Bischof und Ökumenebeauftragte der DBK Gerhard Ludwig Müller im Gespräch.

Bild rechts oben: Vertreter der orthodoxen Kirche mit dem Präsidenten des Päpstlichen Einheitsrates Kurt Kardinal Koch.

Bild rechts unten: Papst Benedikt und Metropolit Augoustinos kennen sich seit langem.

Ansprache vor den Seminaristen

„Collegium Borromaeum".
Erzbischöfliches Priesterseminar zu Freiburg im Breisgau

Liebe Seminaristen, liebe Schwestern und Brüder!

Für mich ist es eine große Freude, daß ich hier mit jungen Menschen zusammenkommen darf, die sich auf den Weg machen, um dem Herrn zu dienen, die auf seinen Ruf horchen und ihm folgen wollen. Besonders herzlich möchte ich danken für den schönen Brief, den der Herr Regens und die Seminaristen mir geschrieben haben. Es hat mich wirklich im Herzen berührt, wie Sie meinen Brief bedacht und daraus Ihre Fragen und Ihre Antworten entwickelt haben; mit welchem Ernst Sie aufnehmen, was ich da vorzustellen versucht habe, und von daher Ihren eigenen Weg entwickeln.

Das Schönste wäre natürlich, wenn wir ein Gespräch miteinander führen könnten, aber der Reiseplan, unter dem ich stehe und dem ich gehorchen muß, läßt leider solche Sachen nicht zu. So kann ich nur versuchen, im Anschluß an das, was Sie geschrieben haben und was ich geschrieben hatte, noch einmal ein paar Gedanken herauszustellen.

Bei der Frage: Wozu gehört das Seminar; was bedeutet diese Zeit?, bewegt mich eigentlich immer wieder am meisten, wie der heilige Markus im Kapitel 3 des Evangeliums das Werden der Apostelgemeinschaft beschreibt. Er sagt: „Der Herr machte Zwölf." Er schafft etwas, er tut etwas, es ist ein schöpferischer Akt. Und er machte sie, „damit sie mit ihm seien und damit er sie sende" (vgl. Mk 3,14): Das ist ein doppelter Wille, der in mancher Hinsicht widersprüchlich scheint. „Damit sie mit ihm seien": Sie sollen bei ihm sein, um ihn kennenzulernen, um von ihm zu hören, von ihm sich formen zu lassen; sie sollen mit ihm gehen, mit ihm auf dem Weg, um ihn herum und hinter ihm. Aber gleichzeitig sollen sie Gesandte sein, die weggehen, die hinaustragen, was sie gelernt haben, die es zu den anderen Menschen bringen, die unterwegs sind – in die Peripherie, ins Weite hinein, auch in das, was weit von ihm entfernt ist. Und doch gehört diese Paradoxie zusammen: Wenn sie wirklich mit ihm sind, dann sind sie immer auch unterwegs zu den anderen, dann sind sie auf der Suche nach dem verlorenen Schaf, dann gehen sie hin, dann müssen sie weitergeben, was sie gefunden haben, dann müssen sie ihn bekannt machen, Gesandte werden. Und umgekehrt, wenn sie rechte Gesandte sein wollen, dann müssen sie immer bei ihm sein. Der heilige Bonaventura hat einmal gesagt: Die Engel, wo immer sie sich auch hinbewegen, wie weit auch, sie bewegen sich immer im Inneren Gottes. So ist es da auch: Als Priester müssen wir hinausgehen in die vielfältigen Straßen, an denen Menschen stehen, die wir einladen sollen zu seinem Hochzeitsmahl. Aber wir können es nur tun, indem wir dabei immer bei ihm bleiben. Und dies zu lernen, dieses Miteinander von Hinausgehen, von Sendung, und von Mit-ihm-Sein, von Bleiben-bei-ihm, ist – glaube ich – das, was wir gerade im Priesterseminar zu erlernen haben. Das rechte Bleiben-mit-ihm, das

tief in ihn Eingewurzelt-Werden – immer mehr mit ihm sein, immer mehr ihn kennen, immer mehr sich nicht von ihm trennen – und zugleich immer mehr hinausgehen, Botschaft bringen, weitergeben, nicht für sich behalten, sondern das Wort zu denen bringen, die fern sind und die doch alle als Geschöpfe Gottes und als von Christus Geliebte die Sehnsucht nach ihm im Herzen tragen.

Seminar ist also eine Zeit der Einübung; natürlich auch des Unterscheidens, der Erlernens: Will er mich dafür? Die Sendung muß geprüft werden, und dazu gehört dann das Miteinander und gehört natürlich das Gespräch mit den geistlichen Führern, die Sie haben, um unterscheiden zu lernen, was sein Wille ist. Und dann das Vertrauen zu lernen: Wenn er es wirklich will, dann darf ich mich ihm anvertrauen. In der heutigen Welt, die sich so unerhört ändert und in der alles immer wieder anders wird, in der menschliche Bindungen zerfallen, weil neue Begegnungen auftreten, wird es immer schwerer zu glauben: Ich werde ein Leben lang standhalten. Es war schon für uns in unserer Zeit nicht ganz leicht sich vorzustellen, wie viele Jahrzehnte vielleicht Gott mir zudenkt, wie anders die Welt werden wird. Werde ich es durchhalten mit ihm, so wie ich es versprochen habe? … Es ist eine Frage, die eben das Prüfen der Sendung verlangt, aber dann auch – je mehr ich erkenne: Ja, er will mich – das Vertrauen: Wenn er mich will, dann hält er mich auch, dann wird er in der Stunde der Verführung, in der Stunde der Not da sein und wird mir Menschen geben, wird mir Wege geben, wird mich halten. Und Treue ist möglich, weil er immer da ist, und weil er gestern, heute und morgen ist, weil er nicht nur dieser Zeit zugehört, sondern Zukunft ist und in jeder Stunde uns tragen kann.

Eine Zeit der Unterscheidung, des Erlernens, der Berufung … Und dann, natürlich, als Zeit des Mit-ihm-Seins eine Zeit des Betens, des Hörens auf ihn. Hören, wirklich ihn hören lernen – im Wort der Heiligen Schrift, im Glauben der Kirche, in der Liturgie der Kirche –und das Heute in seinem Wort erlernen. In der Exegese lernen wir viel über das Gestern: Was da alles war, welche Quellen da sind, welche Gemeinden waren, und so weiter. Dies ist auch wichtig. Aber noch wichtiger ist, daß wir in diesem Gestern das Heute erlernen, daß er jetzt mit diesen Worten spricht und daß sie alle ihr Heute

Gleich nach der Begegnung mit den orthodoxen und altorientalischen Bischöfen, um 17.45 Uhr, trifft der Papst in der Kapelle des „Collegium Borromaeum" 60 Seminaristen der Erzdiözese. Nach einer gemeinsamen Eucharistischen Anbetung richtet Benedikt XVI. das Wort an sie. Die Nacht wird er in einem der einfachen Zimmer verbringen – wie sie.

in sich tragen und daß sie über den historischen Anfang hinaus eine Fülle in sich tragen, die zu allen Zeiten spricht. Und diese Gegenwärtigkeit seines Redens zu erlernen – hören lernen – und damit den anderen Menschen sagen zu können, ist wichtig. Natürlich, wenn man die Predigt für den Sonntag vorbereitet, ist es oft … mein Gott, so weit weg! Aber wenn ich mit dem Wort lebe, dann sehe ich, es ist gar nicht weit weg, es ist höchst aktuell, es ist jetzt da, es geht mich an und geht die anderen an. Und dann lerne ich auch, es auszulegen. Aber dazu ist ein beständiger innerer Weg mit dem Wort Gottes nötig.

Das persönliche Sein mit Christus, mit dem lebendigen Gott, ist das eine; das andere ist, daß wir immer nur im „Wir" glauben können. Ich sage manchmal, der heilige Paulus hat geschrieben: „Glaube kommt vom Hören" – nicht vom Lesen. Er braucht auch das Lesen, aber er kommt vom Hören, das heißt vom lebendigen Wort, vom Zuspruch des anderen, den ich hören kann, vom Zuspruch der Kirche durch alle Zeiten, von ihrem jetzigen, durch die Priester, die Bischöfe und die Mitmenschen mir gegebenen Wort. Zum Glauben gehört das „Du", und zum Glauben gehört das „Wir". Und gerade das Sich-Ertragen einüben ist etwas ganz Wichtiges; das Lernen, den anderen anzunehmen als den anderen in seiner Andersheit, und zu erlernen, daß er mich ertragen muß in meiner Andersheit, um

„wir" zu werden, damit wir einmal dann auch in der Pfarrei Gemeinschaft bilden können, Menschen in die Gemeinsamkeit des Wortes hineinrufen können und miteinander auf dem Weg zum lebendigen Gott sind. Dazu gehört dieses ganz konkrete „Wir", wie es das Seminar ist, wie es dann die Pfarrei ist, aber dann auch immer das Hinausschauen über das konkrete, beschränkte „Wir" ins große „Wir" der Kirche aller Orte und Zeiten hinein: daß wir uns nicht allein zum Maß nehmen. Wenn wir sagen: „Wir sind Kirche" – ja, es ist wahr: Wir sind es, nicht irgend jemand. Aber das „Wir" ist weiter als die Gruppe, die das gerade sagt. Das „Wir" ist die ganze Gemeinschaft der Gläubigen, heute und aller Orten und Zeiten. Und ich sage dann immer: In der Gemeinschaft der Gläubigen, ja, da gibt es sozusagen den Spruch der gültigen Mehrheit, aber es kann nie eine Mehrheit gegen die Apostel und gegen die Heiligen geben, das ist dann eine falsche Mehrheit. Wir sind Kirche: Seien wir es, seien wir es gerade dadurch, daß wir uns öffnen und hinausgehen über uns selber und es mit den anderen sind.

Ja, ich glaube, von dem Plan her muß ich wahrscheinlich Schluß machen jetzt. Ich möchte Ihnen nur einen Punkt noch sagen. Zum Bereitwerden für das Priestertum, zum Weg dahin gehört vor allem auch das Studieren. Das ist nicht eine akademische Zufälligkeit, die sich in der westlichen Kirche ausgebildet hat, sondern wesentlich. Wir alle wissen, daß der heilige Petrus gesagt hat: „Seid jederzeit bereit, die Vernunft, den Logos eures Glaubens als Antwort denen zu geben, die danach fragen" (vgl. 1 Petr 3,15). Unsere Welt heute ist eine rationalistische und verwissenschaftlichte Welt, wenn oft auch sehr scheinwissenschaftlich. Aber der Geist der Wissenschaftlichkeit, des Verstehens, des Erklärens, des Wissenkönnens, des Ablehnens des Nichtrationalen ist beherrschend in unserer Zeit. Das hat auch sein Großes, wenn sich auch oft viel Anmaßung und Verkehrtheit dahinter verbirgt. Der Glaube ist nicht eine Gefühlsnebenwelt, die wir dann uns auch noch leisten, sondern er ist das, was das Ganze umgreift und ihm Sinn gibt und es deutet und ihm auch die innere ethische Weisung gibt: daß es auf Gott hin und von Gott her verstanden und gelebt sei. Deswegen ist es wichtig, Bescheid zu wissen, zu verstehen, die Vernunft geöffnet zu haben, zu lernen. Natürlich werden in 20 Jahren schon wieder ganz andere philosophische Theorien Mode sein als heute: Wenn ich denke, was bei uns höchste, modernste philosophische Mode war, und wie vergessen das alles ist … Trotzdem ist es nicht umsonst, dies zu lernen, denn es sind auch beständige Erkenntnisse dabei. Und vor allen Dingen lernen wir darin, überhaupt zu urteilen, mitzudenken – und kritisch mitzudenken – und zu helfen, daß in dem Denken das Licht Gottes uns erleuchtet und nicht erlischt. Studieren ist wesentlich: Nur so können wir dieser Zeit standhalten und in ihr den Logos unseres Glaubens verkünden. Auch kritisch studieren – eben in dem Wissen: Morgen wird ein anderer anderes sagen –, aber wach und offen und demütig Lernende sein, um immer mit dem Herrn, vor dem Herrn und für ihn Lernende zu bleiben.

Ja, ich könnte noch manches sagen, sollte es vielleicht … Aber ich danke für das Zuhören. Und im Gebet sind alle Seminaristen der Welt in meinem Herzen präsent – nicht so schön einzelne Namen, wie ich sie jetzt hier empfangen habe, aber doch in dem inneren Hingehen zum Herrn: daß er alle segnet, allen Licht gibt und den rechten Weg zeigt, und daß er uns schenkt, viele gute Priester zu bekommen. Herzlichen Dank.

Bilder S. 99–103: In der Kapelle des Freiburger Priesterseminars „Collegium Borromaeum".

Bild S. 100: Ein Zimmer des Seminars, wie es auch Papst Benedikt für die Nacht bezogen hat.

Bild S. 101: Die Seminaristen der Erzdiözese Freiburg – übrigens die Heimatdiözese von Papstsekretär Georg Gänswein – überreichen dem Heiligen Vater ein Gruppenbild und das Ergebnis der Initiative „Mein Name für die Zukunft": ein gebundenes Buch mit Unterschriften von Katholiken des Erzbistums, die sich zur Kirche bekennen.

Ansprache vor dem Rat des Zentralkomitees der Deutschen Katholiken (ZDK)

Hörsaal des Priesterseminars zu Freiburg im Breisgau

Verehrte Damen und Herren!
Liebe Brüder und Schwestern!

Ich bin dankbar für die Gelegenheit, mit Ihnen, den Präsidiumsmitgliedern des Zentralkomitees der deutschen Katholiken, hier in Freiburg zusammenzukommen. Gerne bekunde ich Ihnen meine Wertschätzung für Ihr Engagement, mit dem Sie die Anliegen der Katholiken in der Öffentlichkeit vertreten und Anregungen für das apostolische Wirken der Kirche und der Katholiken in der Gesellschaft geben. Zugleich möchte ich Ihnen, lieber Herr Präsident Glück, für Ihre guten Worte danken, in denen Sie viel Wichtiges und Bedenkenswertes gesagt haben.

Liebe Freunde! Seit Jahren gibt es in der Entwicklungshilfe die sogenannten exposure-Programme. Verantwortliche aus Politik, Wirtschaft und Kirche leben eine gewisse Zeit in Afrika, Asien oder Lateinamerika mit den Armen und teilen ihren konkreten Alltag. Sie setzen sich der Lebenssituation dieser Menschen aus, um die Welt mit deren Augen zu sehen und daraus für das eigene solidarische Handeln zu lernen.

Stellen wir uns vor, ein solches *exposure*-Programm fände hier in Deutschland statt. Experten aus einem fernen Land würden sich aufmachen, um eine Woche bei einer deutschen Durchschnittsfamilie zu leben. Sie würden hier vieles bewundern, den Wohlstand, die Ordnung und die Effizienz. Aber sie würden mit unvoreingenommenen Blick auch viel Armut feststellen: Armut, was die menschlichen Beziehungen betrifft, und Armut im religiösen Bereich.

Wir leben in einer Zeit, die weithin durch einen unterschwelligen, alle Lebensbereiche durchdringenden Relativismus gekennzeichnet ist. Manchmal wird dieser Relativismus kämpferisch, wenn er sich gegen Menschen wendet, die sagen, sie wüßten, wo die Wahrheit oder der Sinn des Lebens zu finden ist.

Und wir beobachten, wie dieser Relativismus immer mehr Einfluß auf die menschlichen Beziehungen und auf die Gesellschaft ausübt. Dies schlägt sich auch in der Unbeständigkeit und Sprunghaftigkeit vieler Menschen und einem übersteigerten Individualismus nieder. Mancher scheint überhaupt keinen Verzicht mehr leisten oder ein Opfer für andere auf sich nehmen zu können. Auch das selbstlose Engagement für das Gemeinwohl, im sozialen und kulturellen Bereich oder für Bedürftige nimmt ab. Andere sind überhaupt nicht mehr in der Lage, sich uneingeschränkt an einen Partner zu binden. Man findet kaum noch den Mut zu versprechen, ein Leben lang treu zu sein; sich das Herz zu nehmen und zu sagen, ich gehöre jetzt ganz dir, oder entschlossen für Treue und Wahrhaftigkeit einzustehen und aufrichtig die Lösung von Problemen zu suchen.

Liebe Freunde! Im *exposure*-Programm folgt auf die Analyse die gemeinsame Reflexion. Diese Auswertung muß das Ganze der menschlichen Person im Blick haben, und dazu gehört – nicht nur implizit, sondern ganz ausdrücklich – ihre Beziehung zum Schöpfer.

Wir sehen, daß in unserer reichen westlichen Welt Mangel herrscht. Vielen Menschen mangelt es an der Erfahrung der Güte Gottes. Zu den etablierten Kirchen mit ihren überkommenen Strukturen finden sie keinen Kontakt. Warum eigentlich? Ich denke, dies ist eine Frage, über die wir sehr ernsthaft alle nachdenken müssen. Sich um sie zu kümmern, ist die Hauptaufgabe des Päpstlichen Rates für die Neuevangelisierung. Aber sie geht natürlich uns alle an. Lassen Sie mich hier einen Punkt der spezifischen Situation in Deutschland ansprechen. In Deutschland ist die Kirche bestens organisiert. Aber steht hinter den Strukturen auch die entsprechende geistige Kraft – Kraft des Glaubens an den lebendigen Gott? Ich denke, ehrlicherweise müssen wir doch sagen, daß es bei uns einen Überhang an Strukturen gegenüber dem Geist gibt. Und ich füge hinzu: Die eigentliche Krise der Kirche in der westlichen Welt ist eine Krise des Glaubens. Wenn wir nicht zu einer wirklichen Erneuerung des Glaubens finden, werden alle strukturellen Reformen wirkungslos bleiben.

Aber kommen wir zurück zu den Menschen, denen die Erfahrung der Güte Gottes fehlt. Sie brauchen Orte, wo sie ihr inneres Heimweh zur Sprache bringen können. Und hier sind wir gerufen, neue Wege der Evangelisierung zu finden. Ein solcher Weg können kleine Gemeinschaften sein, wo Freundschaften gelebt und in der regelmäßigen gemeinsamen Anbetung vor Gott vertieft werden. Da sind Menschen, die an ihrem Arbeitsplatz und im Verbund von Familie und Bekanntenkreis von diesen kleinen Glaubenserfahrungen erzählen und so eine neue Nähe der Kirche zur Gesellschaft bezeugen. Ihnen zeigt sich dann auch immer deutlicher, daß alle dieser Nahrung der Liebe bedürfen, der konkreten Freundschaft untereinander und mit dem Herrn. Wichtig bleibt die Rückbindung an den Kraftstrom der Eucharistie, denn getrennt von Christus können wir nichts vollbringen (vgl. Joh 15,5).

Liebe Schwestern und Brüder, möge der Herr uns stets den Weg weisen, gemeinsam Lichter in der Welt zu sein und unseren Mitmenschen den Weg zur Quelle zu zeigen, wo sie ihr tiefstes Verlangen nach Leben erfüllen können. Ich danke Ihnen.

Mit zehnminütiger Verspätung – so wichtig sind ihm die Seminaristen! – kehrt Benedikt XVI. um 18.15 Uhr in den Hörsaal des Erzbischöflichen Studienseminars zurück. Dort haben zwischenzeitlich Mitglieder des Zentralkomitees der deutschen Katholiken (ZdK) Platz genommen, das als ausgesprochen liberal und manchmal auch romkritisch gilt. Nach einem leicht defensiven Grußwort des Ratspräsidenten Alois Glück ergreift der Papst das Wort. Ohne auf den „Dialogprozeß" in der deutschen Kirche einzugehen, betont er die Notwendigkeit, neue Wege der Evangelisierung zu suchen und zur Quelle des Glaubens, zu Christus, zurückzukehren.

Bild S. 105 oben: Der Freiburger Erzbischof und DBK-Vorsitzende Robert Zollitsch begrüßt die Anwesenden. Ganz links Kardinalstaatssekretär Tarcisio Bertone, ganz rechts der päpstliche Reisemarschall Alberto Gasbarri.

Bild S. 105 unten: ZDK-Präsident Alois Glück im Gespräch mit Papst Benedikt und Erzbischof Zollitsch.

Bild S. 107: Mit Maria Theresia Opladen, Bundesvorsitzende der kdf.

Ansprache in der Gebetsvigil mit den Jugendlichen

Ausstellungs- und Veranstaltungsgelände Freiburg im Breisgau

Liebe junge Freunde!

Ich habe mich den ganzen Tag auf diesen Abend gefreut, hier mit euch zusammenzusein und Gemeinschaft im Gebet mit euch zu haben. Einige von euch werden schon beim Weltjugendtag dabeigewesen sein, wo wir die besondere Atmosphäre der Ruhe, der tiefen Gemeinschaft und der inneren Freude erleben durften, die über einer abendlichen Gebetsvigil liegt. Diese Erfahrung wünsche ich uns allen auch für diesen Moment: daß der Herr uns anrührt und zu frohen Zeugen macht, die miteinander beten und füreinander einstehen, nicht nur heute abend, sondern unser ganzes Leben.

In allen Kirchen, in den Domen und Klöstern, überall wo sich die Gläubigen zur Feier der Osternacht versammeln, wird die heiligste aller Nächte mit dem Entzünden der Osterkerze eröffnet, deren Licht dann an alle Anwesenden weitergereicht wird. Eine winzige Flamme verbreitet sich im Kreis vieler Lichter und erhellt das dunkle Gotteshaus. In diesem wunderbaren liturgischen Ritus, den wir in dieser Gebetsvigil nachgeahmt haben, offenbart sich uns in Zeichen, die mehr sagen als Worte, das Geheimnis unseres christlichen Glaubens. Er, Christus, der von sich sagt: „Ich bin das Licht der Welt" (Joh 8,12), bringt unser Leben zum Leuchten, damit wahr wird, was wir soeben im Evangelium gehört haben: „*Ihr seid das Licht der Welt*" (Mt 5,14). Es sind nicht unsere menschlichen Anstrengungen oder der technische Fortschritt unserer Zeit, die Licht in diese Welt bringen. Immer wieder erleben wir es ja, daß unser Mühen um eine bessere und gerechtere Ordnung an seine Grenzen stößt. Das Leiden der Unschuldigen und letztlich der Tod eines jeden Menschen sind ein undurchdringliches Dunkel, das vielleicht von neuen Erfahrungen her für einen Moment, wie durch einen Blitz in der Nacht, erhellt werden mag. Am Ende bleibt aber doch eine beängstigende Finsternis.

Es mag um uns herum dunkel und finster sein, und doch schauen wir ein Licht: eine kleine, winzige Flamme, die stärker ist als die so mächtig und unüberwindbar scheinende Dunkelheit. Christus, der von den Toten erstanden ist, leuchtet in dieser Welt und gerade dort am hellsten, wo nach menschlichem Ermessen alles düster und hoffnungslos ist. Er hat den Tod besiegt – Er lebt – und der Glaube an ihn durchbricht wie ein kleines Licht all das, was finster und bedrohlich ist. Wer an Jesus glaubt, hat sicherlich nicht immer Sonnenschein im Leben, so als ob ihm Leiden und Schwierigkeiten erspart bleiben könnten, aber es gibt da immer einen hellen Schein, der ihm einen Weg zeigt, den Weg, der zum Leben in Fülle führt (vgl. Joh 10,10). Wer an Christus glaubt, dessen Augen sehen auch in der dunkelsten Nacht ein Licht und sehen schon das Leuchten eines neuen Tages.

Unschätzbare Wissensquelle!

TOEPFER, GEORG
Historisches Wörterbuch der Biologie
Geschichte und Theorie der biologischen Grundbegriffe

Das Wörterbuch präsentiert die Grundbegriffe der Biologie in Form einer ausführlichen Wort- und Begriffsgeschichte. **113 Haupt- und knapp 2000 Nebeneinträge** umreißen die Geschichte der biologischen **Ideen, Konzepte und Theorien**. Dafür wurden die großen Datenbanken naturwissenschaftlicher Texte systematisch ausgewertet. **Eine unschätzbare Informationsquelle** nicht nur für Biologen und Wissenschaftshistoriker, sondern auch für Sprach-, Kultur- und Literaturwissenschaftler.

WISSEN 2011. 3 Bände (nur geschl. beziehbar). Zus. etwa 1800 S., 420 s/w Abb. und 220 Tab., geb. Metzler, Stuttgart. Lizenzausgabe.

B 23937-5   WBG-Preis € 229,–

Alles begann mit Theophrast ...

PAVORD, ANNA
Wie die Pflanzen zu ihren Namen kamen
Eine Kulturgeschichte der Botanik

Die Geschichte der Botanik ist eng mit einigen der brillantesten Köpfe der abendländischen Geistesgeschichte verbunden. Anna Pavord folgt den Fußstapfen jener Gelehrten, Forscher und Abenteurer, die es sich zur Aufgabe gemacht hatten, die Spielregeln der Natur zu entschlüsseln. **Ein Meisterwerk erzählter Geschichte – der Botanik und der Buchkunst –** und mit seinen über 150 wunderbaren Zeichnungen und Bildern **ein optischer Hochgenuss.**

WISSEN 2010. 576 S., 158 meist farb. Abb., geb. Berlin Verlag, Berlin. Lizenzausg.

B 24966-4   Buchhandelspreis € 35,–   WBG-Preis € 27,90

Den besten Überblick haben!

Meyers Weltatlas
Die Erde im Großformat

In gestochen scharfen Karten zeigt dieser Atlas Meere, Kontinente und Länder von Europa bis zu den Polarregionen. Durch das beeindruckende Großformat verschaffen die Karten **in nutzerfreundlichen Maßstäben** – quasi als großflächige Tableaus – einen hervorragenden Überblick und **erklären geographische Räume und Landschaften auf leicht verständliche Weise.**

Hervorragende kartographische Qualität und hochwertige Ausstattung:

- *zahlreiche doppelseitige Karten im Format 68 x 45 cm*
- *19 thematische Karten und 6 doppelseitige Satellitenbilder*
- *Register für einen schnellen Zugriff*
- *gefertigt mit höchster Druckqualität*
- *ausgestattet mit zwei Lesebändchen*

WISSEN 2010. 384 S., 34,2 x 45 cm, Fadenh., geb., 2 Lesebändchen.
Bibliographisches Institut, Mannheim. Lizenzausgabe.

B 23581-0   Buchhandelspreis € 129,–   **WBG-Preis € 98,–**

Alles über den Rhein!

RAHE, J. / STIEGHORST, M. / WEBER, U. (HRSG.)
Handbuch Rhein

Dieses konzeptionell einmalige Werk, das **als Lesebuch und als Nachschlagewerk geeignet** ist, liefert von den Quellen bis zur Mündung alle relevanten Informationen zum Rhein. Die Autoren beleuchten u. a. folgende Aspekte: den Rhein **als europäische Fluss- und Kulturlandschaft, als Wirtschaftsregion, als Hauptwasserstraße, als Naturraum und als ökologisch gefährdetes System.** Ein umfangreiches Glossar versammelt eine Fülle von Kurzbeiträgen zu den verschiedenen Themenbereichen. Der **verständliche Stil** und die **reiche Illustrierung** machen das Buch zu einem rundum gelungenen Handbuch für jedermann.

WISSEN 2011. 336 S. mit 246 farb. Abb. und Reg., 17 x 24 cm, Fadenh., geb.

B 24179-8   Buchhandelspreis € 49,90   **WBG-Preis € 39,90**

Das Licht bleibt nicht allein. Rings herum flammen weitere Lichter auf. In ihrem Schein erhält der Raum Konturen, so daß man sich orientieren kann. Wir leben nicht allein auf der Welt. Gerade in den wichtigen Dingen des Lebens sind wir auf Mitmenschen angewiesen. So stehen wir besonders im Glauben nicht allein, wir sind Glieder der großen Kette der Gläubigen. Niemand kann glauben, wenn er nicht durch den Glauben der anderen gestützt wird, und durch meinen Glauben trage ich wiederum dazu bei, die anderen in ihrem Glauben zu stärken. Wir helfen uns, einander Vorbilder zu sein, lassen die anderen am Unsrigen teilhaben, unseren Gedanken, unseren Taten, unserer Zuneigung. Und wir helfen einander, uns zurechtzufinden, unseres Standpunkts in der Gesellschaft gewahr zu werden.

Liebe Freunde, „Ich bin das Licht der Welt – Ihr seid das Licht der Welt", sagt der Herr. Es ist geheimnisvoll und großartig, daß Jesus von sich selbst und von jedem von uns das gleiche sagt, nämlich „Licht zu sein". Wenn wir glauben, daß Er der Sohn Gottes ist, der Kranke geheilt und Tote erweckt hat, ja selbst aus dem Grabe erstanden ist und wirklich lebt, so verstehen wir, daß er das Licht, die Quelle aller Lichter dieser Welt ist. Wir dagegen erleben doch immer wieder das Scheitern unserer Bemühungen und das persönliche Versagen trotz unserer guten Absichten. Die Welt, in der wir leben, wird trotz des technischen Fortschritts scheinbar letztlich nicht besser. Noch immer gibt es Krieg und Terror, Hunger und Krankheit, bittere Armut und erbarmungslose Unterdrückung. Und auch die, die sich in der Geschichte als „Lichtbringer" verstanden haben, ohne aber von Christus, dem einzigen, wahren Licht, entzündet zu sein, haben kein irdisches Paradies geschaffen, sondern Diktaturen und totalitäre Systeme errichtet, in denen selbst der kleinste Funke wahrer Menschlichkeit erstickt wurde.

Der Papst wirkt erleichtert, als ihn seine Wagenkolonne endlich auf das Freiburger Messegelände bringt, wo gerade so etwas wie die nationale Fortsetzung des Weltjugendtags in Madrid stattfindet – eine „Gebetsvigil mit den Jugendlichen". Mit frenetischen „Benedetto!"-Rufen empfangen ihn dort um 19.00 Uhr an die 35.000 junge Christen aus ganz Süddeutschland, dem benachbarten Frankreich und der Schweiz, als das Papamobil ihre Reihen durchfährt. Selbst das seichte und eher kontroverse Vorprogramm hat ihre Begeisterung für den kleinen, weißen Mann aus Rom nicht getrübt.

Nach der Begrüßung durch Erzbischof Zollitsch stellen sich neun kirchliche Jugendgruppen mit ihrem jeweiligen Schutzheiligen vor, der ihnen auch Vorbild im Glauben ist. Glaube, Hoffnung und Liebe repräsentieren jeweils drei Feuerschalen, die dem Papst von den Jugendlichen gereicht werden und die er entzündet – zum Zeichen, daß auch sie berufen sind, zum „Licht der Welt" zu werden. Schließlich werden, ähnlich wie im Ritus der Osternacht, in den Feuerschalen die Kerzen entflammt, die Helfer an die Jugendlichen weiterreichen, bis sie über das ganze Messegelände verteilt sind, das jetzt einem Lichtermeer gleicht. Nach dieser bewegenden Zeremonie der „Lichtübergabe" und der Verlesung des Evangeliums (Mt 5,13–16) spricht Benedikt XVI. zu den Jugendlichen.

An diesem Punkt dürfen wir nicht darüber schweigen, daß es das Böse gibt. Wir sehen es an so vielen Orten in dieser Welt; wir sehen es aber auch – und das erschreckt uns – in unserem eigenen Leben. Ja, in unserem eigenen Herzen gibt es die Neigung zum Bösen, den Egoismus, den Neid, die Aggression. Mit einer gewissen Selbstdisziplin läßt sich das vielleicht einigermaßen kontrollieren. Schwieriger wird es aber mit einem eher verborgenen Schlechtsein, das sich wie ein dumpfer Nebel auf uns legen kann, und das ist die Trägheit, die Schwerfälligkeit, das Gute zu wollen und zu tun. Immer wieder in der Geschichte haben aufmerksame Zeitgenossen darauf hingewiesen: Der Schaden der Kirche kommt nicht von ihren Gegnern, sondern von den lauen Christen. Aber wie kann Christus dann sagen, die Christen und damit wohl auch diese schwachen Christen seien das Licht der Welt? Vielleicht verstünden wir, wenn er uns zuriefe: Bekehrt euch! Seid das Licht der Welt! Ändert euer Leben, macht es hell und strahlend! Müssen wir nicht staunen, daß der Herr keinen Appell an uns richtet, sondern sagt: Wir sind das Licht der Welt, wir leuchten, wir strahlen im Dunkel?

Liebe Freunde, der heilige Apostel Paulus scheut sich nicht, in vielen seiner Briefe seine Zeitgenossen, die Mitglieder der Ortsgemeinden, „Heilige" zu nennen. Hier wird deutlich, daß jeder Getaufte – noch ehe er gute Werke tun kann – geheiligt ist von Gott. In der Taufe entzündet der Herr gleichsam ein Licht in unserem Leben, das der Katechismus die heiligmachende Gnade nennt. Wer dieses Licht bewahrt, wer in der Gnade lebt, der ist heilig.

Liebe Freunde, immer wieder ist das Bild der Heiligen karikiert und verzerrt worden, so als ob heilig zu sein bedeute, weltfremd, naiv und freudlos zu sein. Nicht selten meint man, ein Heiliger sei nur der, der asketische und moralische Höchstleistungen vollbringe und den man daher wohl verehren, aber im eigenen Leben doch nie nachahmen könne. Wie falsch und entmutigend ist diese Meinung! Es gibt keinen Heiligen, mit Ausnahme der seligen Jungfrau Maria, der nicht auch die Sünde gekannt und niemals gefallen wäre. Liebe Freunde, Christus achtet nicht so sehr darauf, wie oft wir im Leben straucheln, sondern wie oft wir mit seiner Hilfe wieder aufstehen. Er fordert keine Glanzleistungen, sondern möchte, daß Sein Licht in euch scheint. Er ruft euch nicht, weil ihr gut und vollkommen seid, sondern weil Er gut ist und euch zu seinen Freunden machen will. Ja, ihr seid das Licht der Welt, weil Jesus euer Licht ist. Ihr seid Christen – nicht weil ihr Besonderes und Herausragendes tut, sondern weil Er, Christus, euer, unser Leben ist. Ihr seid heilig, wir sind heilig, wenn wir seine Gnade in uns wirken lassen.

Liebe Freunde, an diesem Abend, an dem wir uns im Gebet um den einen Herrn versammeln, ahnen wir die Wahrheit des Wortes Christi, daß die Stadt auf dem Berg nicht verborgen bleiben kann. Diese

Während der Papst zum Priesterseminar zurück-gefahren wird, geht für die Jugendlichen die Vigil weiter. Bis tief in die Nacht wird neue geistliche Musik gespielt, stehen Schauspiel und sakraler Tanz auf dem Programm, denn viele Jugendliche übernachten auf dem Gelände; die Papstmesse am nächsten Morgen findet auf dem benachbarten Flugplatzgelände statt.

Versammlung leuchtet im mehrfachen Sinn des Wortes – im Schein unzähliger Lichter, im Glanz so vieler junger Menschen, die an Christus glauben. Eine Kerze kann nur dann Licht spenden, wenn sie sich von der Flamme verzehren läßt. Sie bliebe nutzlos, würde ihr Wachs nicht das Feuer nähren. Laßt es zu, daß Christus in euch brennt, auch wenn das manchmal Opfer und Verzicht bedeuten kann. Fürchtet nicht, ihr könntet etwas verlieren und sozusagen am Ende leer ausgehen. Habt den Mut, eure Talente und Begabungen für Gottes Reich einzusetzen und euch hinzugeben – wie das Wachs einer Kerze – damit der Herr durch euch das Dunkel hell macht. Wagt es, glühende Heilige zu sein, in deren Augen und Herzen die Liebe Christi strahlt und die so der Welt Licht bringen. Ich vertraue darauf, daß ihr und viele andere junge Menschen hier in Deutschland Leuchten der Hoffnung seid, die nicht verborgen bleiben. „Ihr seid das Licht der Welt." Wo Gott ist, da ist Zukunft! Amen.

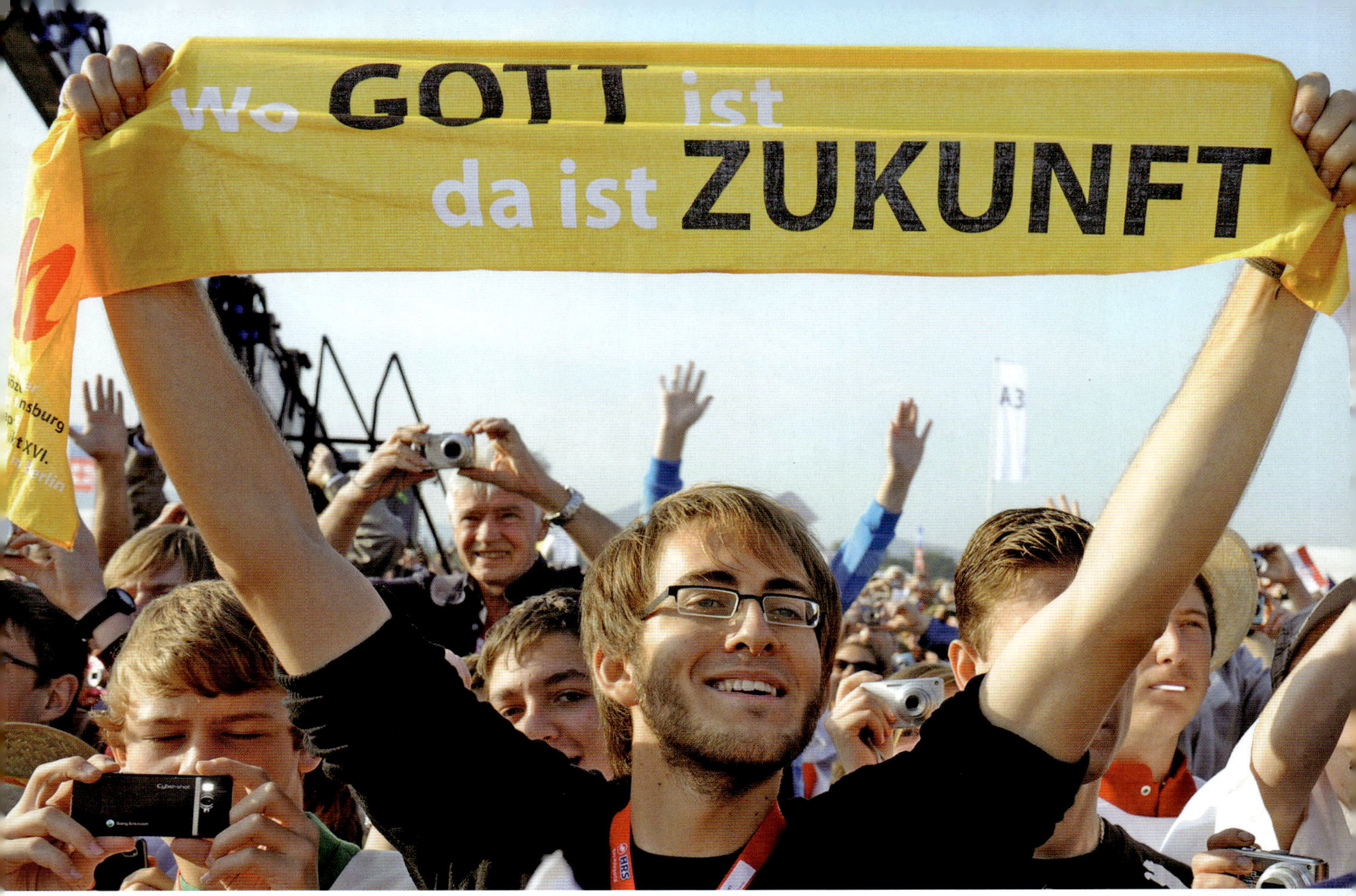
Wo GOTT ist
da ist ZUKUNFT
A3

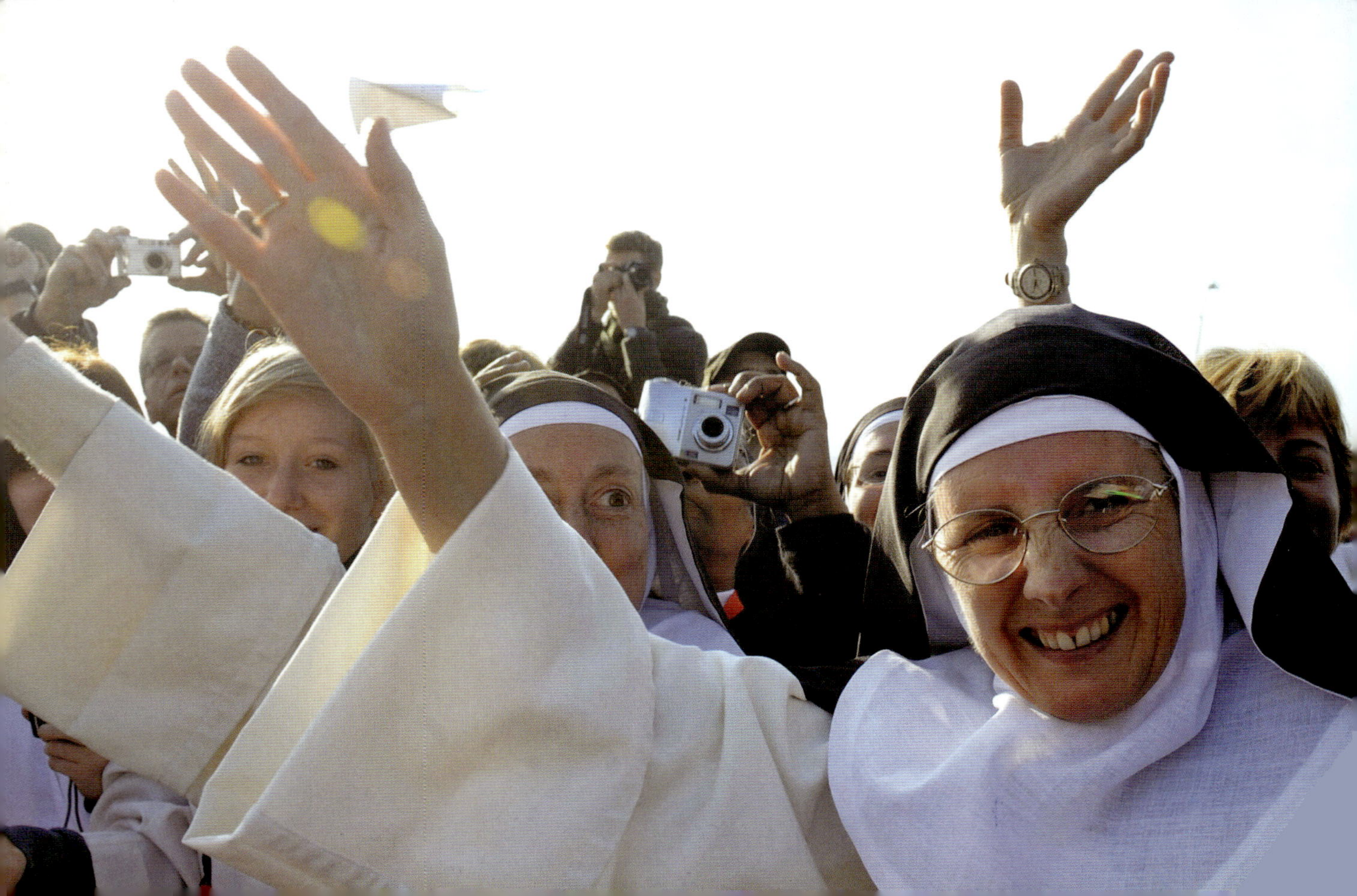

Predigt in der Eucharistiefeier

Flughafengelände von Freiburg im Breisgau

Liebe Brüder und Schwestern!

Es ist für mich bewegend, hier mit so vielen Menschen aus verschiedenen Teilen Deutschlands und aus seinen Nachbarländern Eucharistie, Danksagung zu feiern. Wir wollen vor allem Gott Dank sagen, in dem wir leben, uns bewegen und sind (vgl. Apg 17,28). Danken möchte ich aber auch euch allen für euer Gebet zugunsten des Nachfolgers Petri, daß er seinen Dienst weiter in Freude und Zuversicht verrichten und die Geschwister im Glauben stärken kann.

„Großer Gott, du offenbarst deine Macht vor allem im Erbarmen und im Verschonen", so haben wir im Tagesgebet gesprochen. In der ersten Lesung hörten wir, wie Gott in der Geschichte Israels die Macht seines Erbarmens zu erkennen gab. Die Erfahrung des babylonischen Exils hatte das Volk in eine tiefe Glaubenskrise gestürzt: Warum war dieses Unheil hereingebrochen? War Gott vielleicht gar nicht wirklich mächtig?

Angesichts alles Schrecklichen, was in der Welt geschieht, gibt es heute Theologen, die sagen, Gott könne gar nicht allmächtig sein. Demgegenüber bekennen wir uns zu Gott, dem Allmächtigen, dem Schöpfer des Himmels und der Erde. Und wir sind froh und dankbar, daß er allmächtig ist. Aber wir müssen zugleich uns bewußt werden, daß er seine Macht anders ausübt, als wir Menschen es zu tun pflegen. Er hat seiner Macht selbst eine Grenze gesetzt, indem er die Freiheit seiner Geschöpfe anerkennt. Wir sind froh und dankbar für die Gabe der Freiheit. Aber wenn wir das Furchtbare sehen, das durch sie geschieht, dann erschrecken wir doch. Trauen wir Gott, dessen Macht sich vor allem im Erbarmen und Verzeihen zeigt. Und seien wir sicher, liebe Gläubige: Gott sehnt sich nach dem Heil seines Volkes. Er sehnt sich nach unserem, nach meinem Heil, dem Heil eines jeden. Immer, und vor allem in Zeiten der Not und des Umbruchs, ist er uns nahe, und schlägt sein Herz für uns, wendet er sich uns zu. Damit die Macht seines Erbarmens unsere Herzen anrühren kann, bedarf es der Offenheit für ihn, bedarf es der freien Bereitschaft, vom Bösen abzulassen, aus der Gleichgültigkeit aufzustehen und seinem Wort Raum zu geben. Gott achtet unsere Freiheit. Er zwingt uns nicht. Er wartet auf unser Ja und bettelt gleichsam darum.

Jesus greift dieses Grundthema der prophetischen Predigt im Evangelium auf. Er erzählt das Gleichnis von den beiden Söhnen, die vom Vater eingeladen werden, im Weinberg zu arbeiten. Der eine Sohn antwortete: „Ja, Herr!", aber er ging nicht (Mt 21,29). Der andere hingegen sagte zum Vater: „Ich will nicht. Später aber reute es ihn, und er ging doch" (Mt 21,30). Auf die Frage Jesu, wer von beiden den Willen des Vaters getan habe, antworten die Zuhörer zu recht: „Der zweite" (Mt 21,31). Die Botschaft des Gleichnisses ist klar: Nicht auf das Reden, sondern auf das Tun kommt es an, auf die Taten der Umkehr

Obwohl der Fußweg zum Flughafengelände fünf Kilometer lang ist, nimmt die Schar der Pilger an diesem Morgen kein Ende. Noch liegt Dunst über der Landschaft, läßt nur die Konturen des Freiburger Münsters am Horizont erahnen, doch es verspricht, ein Sonntag zu werden, der seinem Namen zur Ehre gereicht. Mit 26 Grad bei strahlendem Sonnenschein wird er sogar zu einem der schönsten Tage in diesem gewiß nicht vom Wetter verwöhnten Jahr. Die Morgensonne erwärmt längst die letzten noch fröstelnden Gläubigen, als sich der päpstliche Wagentroß um 9.15 Uhr pünktlich in Bewegung setzt, um 45 Minuten später sein Ziel zu erreichen. Die letzte Papstmesse auf deutschem Boden für viele Jahre verspricht zum Höhepunkt der Pastoralreise Benedikts XVI. zu werden. Rund 100.000 Gläubige sind gekommen, dazu Bischöfe und Priester aus 27 Diözesen, während 450 Sänger und Sängerinnen die Messe musikalisch begleiten. Grund genug für den Papst, hier zu allen deutschen Katholiken zu sprechen und in seiner Predigt auch auf die Krisenstimmung in ihrer und seiner Kirche einzugehen.

und des Glaubens. Jesus – wir haben es gehört – richtet diese Botschaft an die Hohenpriester und die Ältesten des Volkes Israel, also an die religiösen Experten seines Volkes. Sie sagen zuerst ja zu Gottes Willen. Aber ihre Religiosität wird Routine, und Gott beunruhigt sie nicht mehr. Die Botschaft Johannes des Täufers und die Botschaft Jesu empfinden sie darum als störend. So schließt der Herr mit drastischen Worten sein Gleichnis: „Zöllner und Dirnen gelangen eher in das Reich Gottes als ihr. Denn Johannes ist gekommen, um euch den Weg der Gerechtigkeit zu zeigen, und ihr habt ihm nicht geglaubt; aber die Zöllner und die Dirnen haben ihm geglaubt. Ihr habt es gesehen, und doch habt ihr nicht bereut und ihm nicht geglaubt" (Mt 21,31–32). In die Sprache der Gegenwart übersetzt könnte das Wort etwa so lauten: Agnostiker, die von der Frage nach Gott umgetrieben werden; Menschen, die unter ihrer Sünde leiden und Sehnsucht nach dem reinen Herzen haben, sind näher am Reich Gottes als kirchliche Routiniers, die in ihr nur noch den Apparat sehen, ohne daß ihr Herz davon berührt wäre, vom Glauben berührt wäre.

So muß das Wort uns alle sehr nachdenklich machen, ja, uns erschüttern. Dies bedeutet aber wahrhaftig nicht, daß alle, die in der Kirche leben und für sie arbeiten, eher als fern von Jesus und Gottes Reich einzustufen wären. Ganz und gar nicht! Nein, dies ist vielmehr der Augenblick, um den vielen haupt- und nebenamtlichen Mitarbeitern, ohne die das Leben in den Pfarreien und in der Kirche als ganzer nicht denkbar wäre, ein Wort sehr herzlichen Dankes zu sagen. Die Kirche in Deutschland hat viele soziale und karitative Einrichtungen, in denen die Nächstenliebe in einer auch gesellschaftlich wirksamen Form und bis an die Grenzen der Erde geübt wird. Allen, die sich im Deutschen Caritas-Verband oder in anderen kirchlichen Organisationen engagieren oder die ihre Zeit und Kraft großherzig für Ehrenämter in der Kirche zur Verfügung stellen, möchte ich in diesem Augenblick meinen Dank und meine Wertschätzung bekunden. Zu diesem Dienst gehört zunächst sachliche und berufliche Kompetenz. Aber im Sinn der Weisung Jesu gehört mehr dazu: das offene Herz, das sich von der Liebe Christi treffen läßt und so dem Nächsten, der unser bedarf, mehr gibt als technischen Service: die Liebe, in der dem anderen der liebende Gott – Christus – sichtbar wird. Fragen wir uns darum, auch vom heutigen Evangelium her: Wie steht es mit meiner persönlichen Gottesbeziehung – im Gebet, in der sonntäglichen Meßfeier, in der Vertiefung des Glaubens durch die Betrachtung der Heiligen Schrift und das Studium des Katechismus der Katholischen Kirche? Liebe Freunde! Die Erneuerung der Kirche kann letztlich nur durch die Bereitschaft zur Umkehr und durch einen erneuerten Glauben kommen.

Im Evangelium dieses Sonntags – wir haben es gesehen – ist von zwei Söhnen die Rede, hinter ihnen steht aber geheimnisvoll ein dritter. Der erste Sohn sagt ja, tut aber das Aufgetragene nicht. Der zweite Sohn sagt nein, erfüllt jedoch den Willen des Vaters. Der dritte Sohn sagt ja, und tut auch, was ihm aufgetragen wird. Dieser dritte Sohn ist Gottes eingeborener Sohn Jesus Christus, der uns alle hier zusammen-

Bild links: Blick auf die Altarinsel. Die Kreuzigungsgruppe stammt aus dem 17. Jahrhundert und ist an der südlichen Hochschiffwand des Radolfzeller Münsters angebracht.

geführt hat. Jesus sprach bei seinem Eintritt in die Welt: „Ja, ich komme, … um deinen Willen zu tun, o Gott" (Hebr 10,7). Dieses Ja hat er nicht nur gesagt, sondern getan und durchgelitten bis in den Tod hinein. Es heißt im Christushymnus aus der zweiten Lesung: „Er war Gott gleich, hielt aber nicht daran fest, wie Gott zu sei, sondern entäußerte sich und wurde wie ein Sklave und den Menschen gleich. Sein Leben war das eines Menschen; er erniedrigte sich und war gehorsam bis zum Tod, bis zum Tod am Kreuz" (Phil 2,6–8). In Demut und Gehorsam hat Jesus den Willen des Vaters erfüllt, ist er für seine Brüder und Schwestern – für uns – am Kreuz gestorben, hat uns von unserem Hochmut und Eigensinn erlöst. Danken wir ihm für seine Hingabe, beugen wir die Knie vor seinem Namen und bekennen wir mit den Jüngern der ersten Generation: „Jesus Christus ist der Herr in der Herrlichkeit Gottes, des Vaters" (vgl. Phil 2,10).

Christliches Leben muß stets neu an Christus Maß nehmen. „Seid untereinander so gesinnt, wie es dem Leben in Christus Jesus entspricht" (Phil 2,5), schreibt Paulus in der Einleitung zum Christushymnus.

Die eigens für dieses Ereignis gegossene St. Petersglocke aus Ilvesheim (siehe auch S. 118).

Und einige Verse vorher schon ruft er uns auf: „Wenn es Ermahnung in Christus gibt, Zuspruch aus Liebe, eine Gemeinschaft des Geistes, herzliche Zuneigung und Erbarmen, dann macht meine Freude dadurch vollkommen, daß ihr eines Sinnes seid, einander in Liebe verbunden, einmütig und einträchtig" (Phil 2,1–2). Wie Christus ganz dem Vater verbunden und gehorsam war, so sollen seine Jünger Gott gehorchen und untereinander eines Sinnes sein. Liebe Freunde! Mit Paulus wage ich euch zuzurufen: Macht meine Freude dadurch vollkommen, daß ihr fest in Christus geeint seid! Die Kirche in Deutschland wird die großen Herausforderungen der Gegenwart und der Zukunft bestehen und Sauerteig in der Gesellschaft bleiben, wenn Priester, Gottgeweihte und christgläubige Laien in Treue zur jeweils spezifischen Berufung in Einheit zusammenarbeiten; wenn Pfarreien, Gemeinschaften und Bewegungen sich gegenseitig stützen und bereichern; wenn die Getauften und Gefirmten die Fackel des unverfälschten Glaubens in Einheit mit dem Bischof hochhalten und ihr reiches Wissen und Können davon erleuchten lassen. Die Kirche in Deutschland wird für die weltweite katholische Gemeinschaft weiterhin ein Segen sein, wenn sie treu mit den Nachfolgern des heiligen Petrus und der Apostel verbunden bleibt, die Zusammenarbeit mit den Missionsländern in vielfältiger Weise pflegt und sich dabei auch von der Glaubensfreude der jungen Kirchen anstecken läßt.

Mit der Mahnung zur Einheit verbindet Paulus den Ruf zur Demut. Er sagt: Tut „nichts aus Ehrgeiz und nichts aus Prahlerei … Sondern in Demut schätze einer den andern höher ein als sich selbst. Jeder achte nicht nur auf das eigene Wohl, sondern auch auf das der anderen" (Phil 2,3–4). Christliche Existenz ist Pro-Existenz: Dasein für den anderen, demütiger Einsatz für den Nächsten und für das Gemeinwohl. Liebe Gläubige! Demut ist eine Tugend, die in der Welt von heute und überhaupt in der Welt zu allen Zeiten nicht hoch im Kurs steht. Aber die Jünger des Herrn wissen, daß diese Tugend gleichsam das Öl ist, das Gesprächsprozesse fruchtbar, Zusammenarbeit möglich und Einheit herzlich macht. *Humilitas,* das lateinische Wort für Demut, hat mit Humus, mit Erdnähe zu tun. Demütige Menschen stehen mit beiden Beinen auf der Erde. Vor allem aber hören sie auf Christus, auf Gottes Wort, das die Kirche und jedes Glied in ihr unaufhörlich erneuert.

Bitten wir Gott um den Mut und um die Demut, den Weg des Glaubens zu gehen, aus dem Reichtum seines Erbarmens zu schöpfen und den Blick unablässig auf Christus gerichtet zu halten, auf das Wort, das alles neu macht, das für uns „der Weg und die Wahrheit und das Leben" (Joh 14,6) und unsere Zukunft ist. Amen.

Nach der über zweistündigen Messe betet der Heilige Vater mit den Gläubigen den *Angelus,* mit dem die Kirche seit dem Mittelalter morgens, mittags und abends dankbar und mit Glockengeläut der Menschwerdung Christi gedenkt.

Angelus

Flughafengelände von Freiburg im Breisgau

Liebe Schwestern und Brüder!

Diese feierliche heilige Messe wollen wir nun gemeinsam mit dem „Engel des Herrn" beschließen. Dieses Gebet erinnert uns immer wieder aufs neue an den geschichtlichen Anfang unseres Heils. Der Erzengel Gabriel unterbreitet der Jungfrau Maria den Heilsplan Gottes, nach dem sie Mutter des Erlösers werden soll. Maria erschrickt. Doch der Engel des Herrn spricht ein Wort des Trostes zu ihr: „Fürchte dich nicht, Maria, denn du hast bei Gott Gnade gefunden." So kann Maria ihr großes Jawort sprechen. Dieses Ja, Magd des Herrn zu sein, ist das vertrauensvolle Ja zum Plan Gottes, zu unserer Erlösung. Und sie spricht das Ja schließlich zu uns allen, die sie unter dem Kreuz als Kinder anvertraut bekommen hat (vgl. Joh 19,27). Nie nimmt sie diese Zusage zurück. Und deshalb ist sie selig, ja glückselig zu preisen, denn sie hat geglaubt, daß sich an ihr erfüllen wird, was der Herr ihr gesagt hat (vgl. Lk 1,45). Wenn wir nun diesen Engelsgruß beten, dürfen wir uns mit diesem Jawort Marias verbinden, voller Vertrauen einstimmen in die Schönheit des Planes Gottes und der Vorsehung, die er uns in seiner Huld zugedacht hat. Dann wird die Liebe Gottes auch in unserem Leben sozusagen Fleisch werden, immer mehr Gestalt annehmen. In allen Sorgen brauchen wir keine Angst zu haben. Gott ist gut. Zugleich dürfen wir uns getragen wissen von der Gemeinschaft der vielen Gläubigen, die jetzt in dieser Stunde auf der ganzen Welt mit uns zusammen über Fernsehen und Rundfunk den „Engel des Herrn" beten.

Der Engel des Herrn brachte Maria die Botschaft, und sie empfing vom Heiligen Geist.
Gegrüßet seist du, Maria, voll der Gnade, der Herr ist mit dir. Du bist gebenedeit unter den Frauen, und gebenedeit ist die Frucht deines Leibes, Jesus. Heilige Maria, Mutter Gottes, bitte für uns Sünder jetzt und in der Stunde unseres Todes. Amen.
Maria sprach: Siehe, ich bin die Magd des Herrn; mir geschehe nach deinem Wort.
Gegrüßet seist du, Maria …

Und das Wort ist Fleisch geworden und hat unter uns gewohnt.
Gegrüßet seist du, Maria …
Bitte für uns, heilige Gottesmutter, daß wir würdig werden der Verheißung Christi.
Allmächtiger Gott, gieße deine Gnade in unsere Herzen ein. Durch die Botschaft des Engels haben wir die Menschwerdung Christi, deines Sohnes, erkannt. Laß uns durch sein Leiden und Kreuz zur Herrlichkeit der Auferstehung gelangen. Darum bitten wir durch Christus, unseren Herrn. Amen

Nach seiner Rückkehr in das Priesterseminar trifft sich der Papst mit etwa 90 Bischöfen und weiteren Gästen zum Mittagessen. Es gibt Geflügelschinkenpastete mit grüner Soße an Salat, Kalbstafelspitz mit Estragonsoße, dazu Marktgemüse und gebratene Kartoffeltaler, als Nachspeise ein Zimtparfait mit Schwarzwälder Kirschen. Auch hier weiß man um Benedikts Vorliebe für Süßspeisen.

Als Vorsitzender der Deutschen Bischofskonferenz dankt Erzbischof Zollitsch noch einmal dem Papst für seinen Besuch. Als kleines Geschenk überreicht er ihm eine besondere Komposition, die an den 60. Jahrestag seiner Priesterweihe am 29. Juni 1951 erinnert. Es ist die Vertonung seines Primizspruches „Nicht Herren eures Glaubens sind wir, sondern Diener eurer Freude" (2 Kor 1,24) durch den Eichstätter Domkapellmeister Christian Matthias Heiß. Der wiederum ist ein Schüler des Papstbruders Georg Ratzinger; seine musikalische Karriere begann bei den berühmten „Regensburger Domspatzen".

Bild links: Papst Benedikt XVI. im angeregten Gespräch mit dem Erzbischof von München und Freising, Reinhard Kardinal Marx. Links sein Vorgänger Friedrich Kardinal Wetter.

Bild rechts: Papst Benedikt XVI. mit den Richtern des Bundesverfassungsgerichts.

Bild links unten: Kurienbischof Josef Clemens, Sekretär des Päpstlichen Laienrates, im Gespräch mit dem Augsburger Bischof Konrad Zdarsa.

Ansprache vor engagierten Katholiken aus Kirche und Gesellschaft

Konzerthaus, Freiburg im Breisgau

Verehrter Herr Bundespräsident,
Herr Ministerpräsident
Herr Oberbürgermeister,
Verehrte Damen und Herrn,
Liebe Mitbrüder im Bischofs- und Priesteramt!

Ich freue mich über diese Begegnung mit Ihnen, die Sie sich in vielfältiger Weise für die Kirche und für das Gemeinwesen engagieren. Dies gibt mir eine willkommene Gelegenheit, Ihnen hier persönlich für Ihren Einsatz und Ihr Zeugnis als „kraftvolle Boten des Glaubens an die zu erhoffenden Dinge" (*Lumen gentium*, 35) ganz herzlich zu danken: So nennt das II. Vatikanische Konzil Menschen, die wie Sie sich um Gegenwart und Zukunft aus dem Glauben mühen. In Ihrem Arbeitsumfeld treten Sie bereitwillig für Ihren Glauben und für die Kirche ein, was – wie wir wissen – in der heutigen Zeit wahrhaftig nicht immer leicht ist.

Seit Jahrzehnten erleben wir einen Rückgang der religiösen Praxis, stellen wir eine zunehmende Distanzierung beträchtlicher Teile der Getauften vom kirchlichen Leben fest. Es kommt die Frage auf: Muß die Kirche sich nicht ändern? Muß sie sich nicht in ihren Ämtern und Strukturen der Gegenwart anpassen, um die suchenden und zweifelnden Menschen von heute zu erreichen?

Die selige Mutter Teresa wurde einmal gefragt, was sich ihrer Meinung nach als erstes in der Kirche ändern müsse. Ihre Antwort war: Sie und ich!

An dieser kleinen Episode wird uns zweierlei deutlich. Einmal will die Ordensfrau dem Gesprächspartner sagen: Kirche sind nicht nur die anderen, nicht nur die Hierarchie, der Papst und die Bischöfe; Kirche sind wir alle, wir, die Getauften. Zum anderen geht sie tatsächlich davon aus: ja, es gibt Anlaß zur Änderung. Es ist Änderungsbedarf vorhanden. Jeder Christ und die Gemeinschaft der Gläubigen als Ganzes sind zur stetigen Änderung aufgerufen.

Wie soll diese Änderung konkret aussehen? Geht es um eine Erneuerung, wie sie etwa ein Hausbesitzer durch die Renovierung oder den neuen Anstrich seines Anwesens durchführt? Oder geht es hier um eine Korrektur, um wieder auf Kurs zu kommen sowie schneller und geradliniger einen Weg zurückzulegen? Sicher spielen diese und andere Aspekte eine Rolle, und hier kann nicht von alledem die Rede sein. Aber was das grundlegende Motiv der Änderung betrifft, so ist es die apostolische Sendung der Jünger und der Kirche selbst.

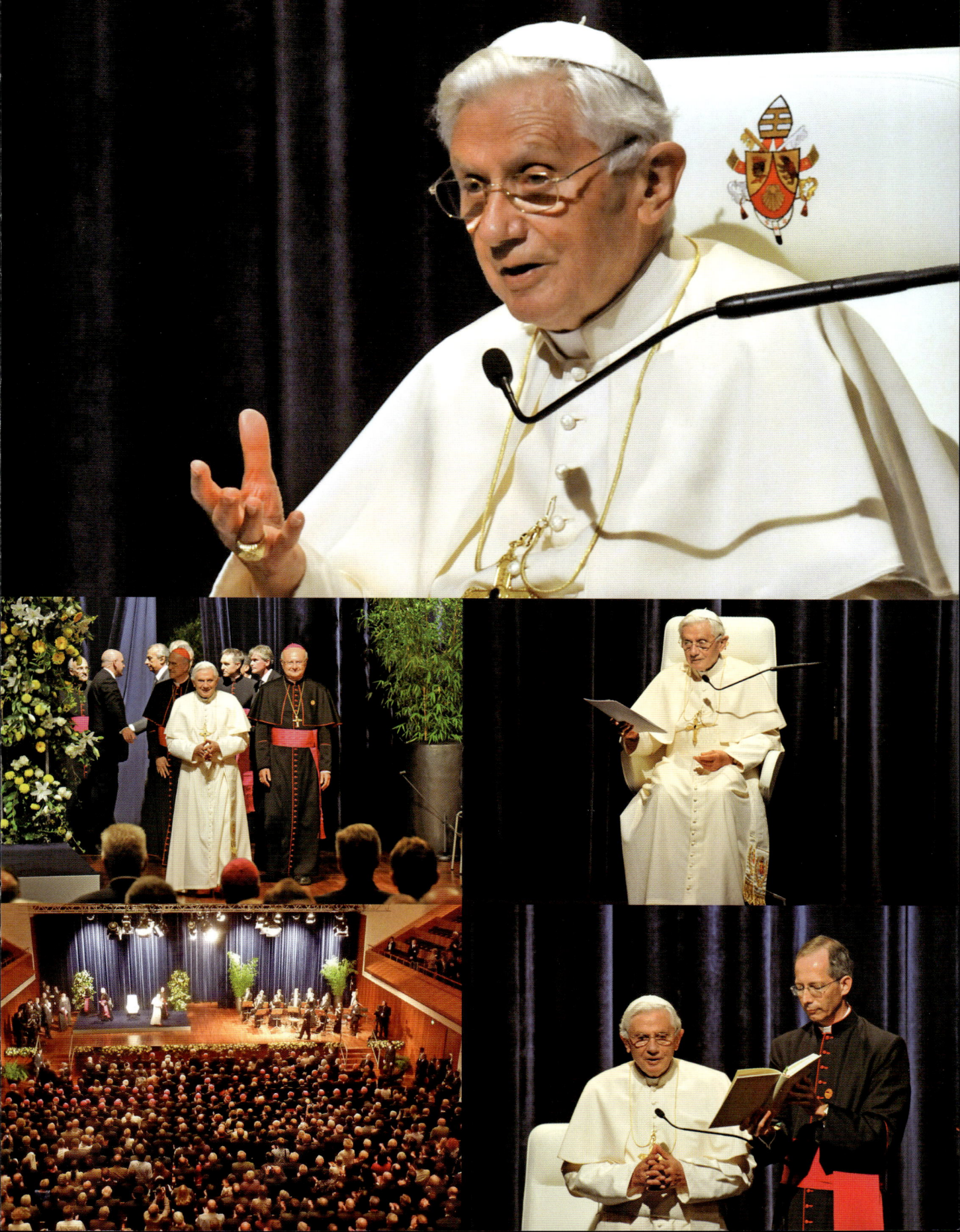

Dieser ihrer Sendung muß die Kirche sich nämlich immer neu vergewissern. Die drei synoptischen Evangelien lassen verschiedene Aspekte des Sendungsauftrags aufleuchten: Die Sendung gründet zunächst in der persönlichen Erfahrung: „Ihr seid meine Zeugen" (Lk 24,48); sie kommt zum Ausdruck in Beziehungen: „Macht alle Menschen zu meinen Jüngern" (Mt 28,19); und sie gibt eine universelle Botschaft weiter: „Verkündet das Evangelium allen Geschöpfen" (Mk 16,15). Durch die Ansprüche und Sachzwänge der Welt aber wird dies Zeugnis immer wieder verdunkelt, werden die Beziehungen entfremdet und wird die Botschaft relativiert. Wenn nun die Kirche, wie Papst Paul VI. sagt, „danach trachtet, sich selbst nach dem Typus, den Christus ihr vor Augen stellt, zu bilden, dann wird sie sich von der menschlichen Umgebung tief unterscheiden, in der sie doch lebt oder der sie sich nähert" (Enzyklika *Ecclesiam Suam,* 60). Um ihre Sendung zu verwirklichen, wird sie auch immer wieder Distanz zu ihrer Umgebung nehmen müssen, sich gewissermaßen „ent-weltlichen".

Die Sendung der Kirche kommt ja vom Geheimnis des Dreieinigen Gottes her, dem Geheimnis seiner schöpferischen Liebe. Und die Liebe ist nicht nur irgendwie in Gott, er selbst ist sie, ist vom Wesen her die Liebe. Und die göttliche Liebe will nicht nur für sich sein, sie will sich ihrem Wesen nach verströmen. Sie ist in der Menschwerdung und Hingabe des Sohnes Gottes in besonderer Weise auf die Menschheit, auf uns zugekommen, und zwar so, daß Christus, der Sohn Gottes, gleichsam aus dem Rahmen seines Gottseins herausgetreten ist, Fleisch angenommen hat, Mensch geworden ist, nicht nur, um die Welt in ihrer Weltlichkeit zu bestätigen und ihr Gefährte zu sein, der sie so läßt, wie sie ist, sondern um sie zu verwandeln. Zum Christusgeschehen gehört das Unfaßbare, daß es – wie die Kirchenväter sagen – ein *sacrum commercium,* einen Tausch zwischen Gott und den Menschen gibt. Die Väter legen es so aus: Wir haben Gott nichts zu geben, wir haben ihm nur unsere Sünde hinzuhalten. Und er nimmt sie an und macht sie sich zu eigen, gibt uns dafür sich selbst und seine Herrlichkeit. Ein wahrhaft ungleicher Tausch, der sich im Leben und Leiden Christi vollzieht. Er wird Sünder, nimmt die Sünde auf sich, das Unsrige nimmt er an und gibt uns das Seinige. Aber im Weiterdenken und Weiterleben im Glauben ist dann doch deutlich geworden, daß wir ihm nicht nur Sünde geben, sondern daß er uns ermächtigt hat, von inner her die Kraft gibt, ihm auch Positives zu geben: unsere Liebe – ihm die Menschheit im positiven Sinn zu geben. Natürlich, es ist klar, daß nur Dank der Großmut Gottes der Mensch, der Bettler, der den göttlichen Reichtum empfängt, doch auch Gott etwas geben kann; daß Gott uns das Geschenk erträglich macht, indem er uns fähig macht, auch für ihn Schenkende zu werden.

Die Kirche verdankt sich ganz diesem ungleichen Tausch. Sie hat nichts aus Eigenem gegenüber dem, der sie gestiftet hat, so daß sie sagen könnte: Dies haben wir großartig gemacht! Ihr Sinn besteht darin, Werkzeug der Erlösung zu sein, sich von Gott her mit seinem Wort durchdringen zu lassen und die Welt in die Einheit der Liebe mit Gott hineinzutragen. Die Kirche taucht ein in die Hinwendung des Erlösers zu den Menschen. Sie ist, wo sie wahrhaft sie selber ist, immer in Bewegung, muß sich fortwährend in den Dienst der Sendung stellen, die sie vom Herrn empfangen hat. Und deshalb muß sie sich immer neu den Sorgen der Welt öffnen, zu der sie ja selber gehört, sich ihnen ausliefern, um den heiligen Tausch, der mit der Menschwerdung begonnen hat, weiterzuführen und gegenwärtig zu machen.

In der geschichtlichen Ausformung der Kirche zeigt sich jedoch auch eine gegenläufige Tendenz, daß die Kirche zufrieden wird mit sich selbst, sich in dieser Welt einrichtet, selbstgenügsam ist und sich den Maßstäben der Welt angleicht. Sie gibt nicht selten Organisation und Institutionalisierung größeres Gewicht als ihrer Berufung zu der Offenheit auf Gott hin, zur Öffnung der Welt auf den Anderen hin.

Um ihrem eigentlichen Auftrag zu genügen, muß die Kirche immer wieder die Anstrengung unternehmen, sich von dieser ihrer Verweltlichung zu lösen und wieder offen auf Gott hin zu werden. Sie folgt damit den Worten Jesu: „Sie sind nicht von der Welt, wie auch ich nicht von der Welt bin" (Joh 17,16), und gerade so gibt er sich der Welt. Die Geschichte kommt der Kirche in gewisser Weise durch die verschiedenen Epochen der Säkularisierung zur Hilfe, die zu ihrer Läuterung und inneren Reform wesentlich beigetragen haben.

Die Säkularisierungen – sei es die Enteignung von Kirchengütern, sei es die Streichung von Privilegien oder ähnliches – bedeuteten nämlich jedesmal eine tiefgreifende Entweltlichung der Kirche, die sich dabei gleichsam ihres weltlichen Reichtums entblößt und wieder ganz ihre weltliche Armut annimmt. Damit teilt sie das Schicksal des Stammes Levi, der nach dem Bericht des Alten Testamentes als einziger Stamm in Israel kein eigenes Erbland besaß, sondern allein Gott selbst, sein Wort und seine Zeichen als seinen Losanteil gezogen hatte. Mit ihm teilte sie in jenen geschichtlichen Momenten den Anspruch einer Armut, die sich zur Welt geöffnet hat, um sich von ihren materiellen Bindungen zu lösen, und so wurde auch ihr missionarisches Handeln wieder glaubhaft.

Die geschichtlichen Beispiele zeigen: Das missionarische Zeugnis der entweltlichten Kirche tritt klarer zutage. Die von materiellen und politischen Lasten und Privilegien befreite Kirche kann sich besser und auf wahrhaft christliche Weise der ganzen Welt zuwenden, wirklich weltoffen sein. Sie kann ihre Berufung zum Dienst der Anbetung Gottes und zum Dienst des Nächsten wieder unbefangener leben. Die missionarische Pflicht, die über der christlichen Anbetung liegt und die ihre Struktur bestimmen sollte, wird deutlicher sichtbar. Sie öffnet sich der Welt, nicht um die Menschen für eine Institution mit eigenen

---

Nach einer Begegnung mit den Richtern des Bundesverfassungsgerichts und seinem Dank an die Gastgeber und Organisatoren seines Besuches sowie alle daran beteiligten Sicherheitskräfte steuert der Papst die vorletzte Station seiner Reise an. Im Freiburger Konzerthaus haben sich zu diesem Zeitpunkt bereits rund 1500 engagierte Katholiken aus Kirche und Gesellschaft versammelt, darunter die Beteiligten des „Dialogprozesses" von Mannheim. Auch der Bundespräsident und der Ministerpräsident von Baden-Württemberg sind gekommen, um zu hören, welche Vision Benedikt XVI. von der Zukunft der Kirche in Deutschland hat.

Nach seiner Ansprache empfängt Benedikt XVI. 15 engagierte Katholiken, um ihnen persönlich für ihren Dienst an Kirche und Gesellschaft zu danken. Dann wird er zum Flughafen Lahr gebracht, wo er um 18.45 Uhr eintrifft.

Machtansprüchen zu gewinnen, sondern um sie zu sich selbst zu führen, indem sie zu dem führt, von dem jeder Mensch mit Augustinus sagen kann: Er ist mir innerlicher als ich mir selbst (vgl. Conf. 3, 6, 11). Er, der unendlich über mir ist, ist doch so in mir, daß er meine wahre Innerlichkeit ist. Durch diese Art der Öffnung der Kirche zur Welt wird damit auch vorgezeichnet, in welcher Form sich die Weltoffenheit des einzelnen Christen wirksam und angemessen vollziehen kann.

Es geht hier nicht darum, eine neue Taktik zu finden, um der Kirche wieder Geltung zu verschaffen. Vielmehr gilt es, jede bloße Taktik abzulegen und nach der totalen Redlichkeit zu suchen, die nichts von der Wahrheit unseres Heute ausklammert oder verdrängt, sondern ganz im Heute den Glauben vollzieht, eben dadurch daß sie ihn ganz in der Nüchternheit des Heute lebt, ihn ganz zu sich selbst bringt, indem sie das von ihm abstreift, was nur scheinbar Glaube, in Wahrheit aber Konvention und Gewohnheit ist.

Sagen wir es noch einmal anders: Der christliche Glaube ist für den Menschen allezeit – und nicht erst in der unsrigen – ein Skandal. Daß der ewige Gott sich um uns Menschen kümmern, uns kennen soll, daß der Unfaßbare zu einer bestimmten Zeit an einem bestimmten Ort faßbar geworden sein soll, daß der Unsterbliche am Kreuz gelitten haben und gestorben sein soll, daß uns Sterblichen Auferstehung und Ewiges Leben verheißen ist – das zu glauben ist für die Menschen allemal eine Zumutung.

Dieser Skandal, der unaufhebbar ist, wenn man nicht das Christentum selbst aufheben will, ist leider gerade in jüngster Zeit überdeckt worden von den anderen schmerzlichen Skandalen der Verkünder des Glaubens. Gefährlich wird es, wenn diese Skandale an die Stelle des primären skandalon des Kreuzes treten und ihn dadurch unzugänglich machen, also den eigentlichen christlichen Anspruch hinter der Unbotmäßigkeit seiner Boten verdecken.

Um so mehr ist es wieder an der Zeit, die wahre Entweltlichung zu finden, die Weltlichkeit der Kirche beherzt abzulegen. Das heißt natürlich nicht, sich aus der Welt zurückzuziehen, sondern das Gegenteil. Eine vom Weltlichen entlastete Kirche vermag gerade auch im sozial-karitativen Bereich den Menschen, den Leidenden wie ihren Helfern, die besondere Lebenskraft des christlichen Glaubens zu vermitteln.

Bilder S. 133–139: Impressionen von der großen Ansprache im Freiburger Konzerthaus.

Bild S. 133 unten: Papst Benedikt XVI. stimmt das Vaterunser an.

Bild S. 135 unten: Innenminister Friedrich, Bundespräsident Wulff und Gattin, Weihbischof Wehrle und Ministerpräsident Kretschmann beten mit.

„Der Liebesdienst ist für die Kirche nicht eine Art Wohlfahrtsaktivität, die man auch anderen überlassen könnte, sondern er gehört zu ihrem Wesen, ist unverzichtbarer Wesensausdruck ihrer selbst" (Enzyklika *Deus caritas est*, 25). Allerdings haben sich auch die karitativen Werke der Kirche immer neu dem Anspruch einer angemessenen Entweltlichung zu stellen, sollen ihr nicht angesichts der zunehmenden Entkirchlichung ihre Wurzeln vertrocknen. Nur die tiefe Beziehung zu Gott ermöglicht eine vollwertige Zuwendung zum Mitmenschen, so wie ohne Zuwendung zum Nächsten die Beziehung zu Gott verkümmert.

Offensein für die Anliegen der Welt heißt demnach für die entweltlichte Kirche, die Herrschaft der Liebe Gottes nach dem Evangelium durch Wort und Tat hier und heute zu bezeugen, und dieser Auftrag weist zudem über die gegenwärtige Welt hinaus; denn das gegenwärtige Leben schließt die Verbundenheit mit dem Ewigen Leben ein. Leben wir als einzelne und als Gemeinschaft der Kirche die Einfachheit einer großen Liebe, die auf der Welt das Einfachste und das Schwerste zugleich ist, weil es nicht mehr und nicht weniger verlangt, als sich selbst zu verschenken.

Liebe Freunde! Es bleibt mir, den Segen Gottes und die Kraft des Heiligen Geistes für uns alle zu erbitten, daß wir in unserem jeweiligen Wirkungsbereich immer wieder neu Gottes Liebe und sein Erbarmen erkennen und bezeugen können. Ich danke Ihnen für Ihre Aufmerksamkeit!

So endeten vier Tage, die uns alle erstaunten und unsere Wahrnehmung veränderten. Es besteht kein Zweifel: Die Deutschlandreise Benedikts XVI. war ein Ereignis, das es in jeder Hinsicht verdient hat, als „historisch" bezeichnet zu werden. In einem wahren Marathonprogramm hat der 84jährige Papst so viele Steine ins Rollen gebracht, daß sie gemeinsam eine Lawine bilden, die unsere Lethargie unter sich begräbt. Etwas Großes zeichnet sich ab, nichts weniger nämlich als die Erneuerung der Kirche.

Die größte Überraschung dieser Tage ist die Blamage der Papstgegner. Hatte zuvor eine antikirchliche Medien-Phalanx alles versucht, um den Besuch Benedikts XVI. schon im voraus totzuschreiben, zeigt sich jetzt, wie wenige sich davon beeindrucken ließen. Die Protestler, denen in den Wochen zuvor praktisch jedes mediale Forum geboten wurde, schafften es gerade einmal, ein paar tausend Berufsdemonstranten zu mobilisieren. Der Papst dagegen hatte 350.000 begeisterte Zuhörer, die oft größte Strapazen und kilometerlange Fußwege auf sich nahmen, um mit ihm die Schönheit des christlichen Glaubens neu zu entdecken. Plötzlich ging es nicht mehr um die Banalitäten, auf die ihre Kritiker die Kirche reduzieren möchten, sondern um so Großes wie die Vision einer Zukunft mit Gott. Selten ging in Deutschland dank medialer Dauerberichterstattung so viel Weises durch den Äther und die Druckerpressen wie in diesen vier Tagen in Deutschlands sonnendurchflutetem Herbst. Aus der „Generation Benedikt" wurde eine „Revolution Benedikt".

Hat die Kirche in Deutschland also wieder eine Zukunft? Sie hat, soviel steht fest, aber nur mit diesem Papst! „Ubi Petrus, ibi Ecclesia", lautet ein dem hl. Augustinus zugeschriebenes Wort, das der hl. Josefmaria ergänzte: „ibi deus" – wo Petrus ist, da ist die Kirche, und da ist Gott. Benedikt XVI. aber erweitert die Gleichung durch ein viertes Element: ... und da ist Zukunft! Petrus, Kirche, Gott und Zukunft sind untrennbar miteinander verbunden, sie können gar nicht unabhängig voneinander existieren. Wenn sie dies erkennt, dann kann die Kirche zu sich selbst, zu ihren Wurzeln zurückfinden, kann sie geheilt und erneuert aus dem derzeitigen Umbruchprozeß hervorgehen. Er hat die Saat gelegt, deren Früchte es nunmehr zu ernten gilt!

Wer bislang vielleicht glaubte, mit Memoranden, Dialogen und dem Kurs in seichte Gewässer die Kirche retten zu können, erhielt eine deutliche Absage vom Papst, die nicht etwa autoritär klang, sondern schlichtweg überzeugte. Es bringt nichts, zu taktieren, es wird Zeit, endlich ernst zu machen, geht es doch um nicht weniger als den Primat Gottes in der Welt. Die Kirche von morgen wird eine Kirche des gelebten, unverfälschten Glaubens und der leidenschaftlichen Anbetung sein, oder sie wird nicht sein.

Denn nur wo Gott ist, da ist Zukunft!

Ansprache bei der Abschiedszeremonie
Flughafen Lahr

Sehr geehrter, lieber Herr Bundespräsident!
Verehrte Vertreter des Bundes,
des Landes Baden-Württemberg und der Gemeinden!
Liebe Mitbrüder im Bischofsamt!
Meine sehr geehrten Damen und Herren!

Bevor ich nun Deutschland verlasse, drängt es mich, Dank zu sagen für die vergangenen erlebnisreichen und bewegenden Tage in unserer Heimat.

Mein Dank gilt Ihnen, Herr Bundespräsident Wulff, der Sie mich in Berlin im Namen des deutschen Volkes empfangen und jetzt zum Abschied erneut durch Ihre freundlichen Worte geehrt haben. Ich danke den Vertretern der Bundes- und der Landesregierung, die zur Verabschiedung gekommen sind. Einen herzlichen Dank sage ich ebenfalls Erzbischof Zollitsch von Freiburg, der mich während der ganzen Reise begleitete. Gerne schließe ich auch Erzbischof Woelki von Berlin und Bischof Wanke von Erfurt in meinen Dank ein, die mir ebenfalls ihre Gastfreundschaft gezeigt haben, sowie dem gesamten deutschen Episkopat. Besonderer Dank gilt schließlich den vielen, die diese vier Tage im Hintergrund vorbereitet und für deren reibungslosen Ablauf Sorge getragen haben: den kommunalen Einrichtungen, den Sicherheitskräften, dem ärztlichen Dienst, den Verantwortlichen für die öffentlichen Verkehrsmittel wie auch den zahlreichen freiwilligen Helfern. Allen Menschen danke ich für die eindrucksvolle Zeit und für die vielfältigen persönlicher Begegnungen sowie für die unzähligen Aufmerksamkeiten und Zeichen der Verbundenheit, die mir erwiesen wurden.

In der Bundeshauptstadt Berlin hatte ich die besondere Gelegenheit, vor den Abgeordneten des deutschen Bundestages zu sprechen und ihnen Gedanken über die geistigen Fundamente des Rechtsstaates vorzutragen. Gerne denke ich auch an die fruchtbaren Gespräche mit dem Bundespräsidenten und der Bundeskanzlerin über die augenblickliche Situation des deutschen Volkes und der Völkergemeinschaft zurück. Besonders berührt haben mich die freundliche Aufnahme und die große Begeisterung so vieler Menschen in Berlin.

Im Land der Reformation bildete naturgemäß die Ökumene einen Schwerpunkt der Reise. Hier möchte ich die Begegnung mit den Vertretern der Evangelischen Kirche in Deutschland im Augustinerkloster in Erfurt hervorheben. Für den brüderlichen Austausch und für das gemeinsame Gebet bin ich von Herzen dankbar. Bedeutungsvoll war aber auch das Zusammentreffen mit orthodoxen und orientalischen Christen sowie mit Juden und Muslimen.

Dieser Besuch galt natürlich besonders den Katholiken in Berlin, in Erfurt, im Eichsfeld und in Freiburg. Gerne erinnere ich mich an die gemeinsamen Gottesdienste, an die Freude, an das gemeinsame Hören des Wortes Gottes und das vereinte Beten und Singen – vor allem auch in den Teilen des Landes, in denen über Jahrzehnte hinweg versucht wurde, Religion aus dem Leben der Menschen zu verdrängen. Dies stimmt mich zuversichtlich für die Zukunft der Kirche in Deutschland und des Christentums in Deutschland. Wie schon bei den früheren Besuchen war erfahrbar, wie viele Menschen hier ihren Glauben bezeugen und seine gestaltende Kraft in der heutigen Welt gegenwärtig werden lassen.

Nicht zuletzt habe ich mich sehr gefreut, nach dem eindrucksvollen Weltjugendtag in Madrid auch in Freiburg bei der gestrigen Jugendvigil wieder mit vielen jungen Menschen zusammenzusein.

Ich möchte die Kirche in Deutschland ermutigen, mit Kraft und Zuversicht den Weg des Glaubens weiterzugehen, der Menschen dazu führt, zu den Wurzeln, zum wesentlichen Kern der Frohbotschaft Christi zurückzukehren. Es wird kleine Gemeinschaften von Glaubenden geben – und es gibt sie schon –, die in die pluralistische Gesellschaft mit ihrer Begeisterung hineinstrahlen und andere neugierig machen, nach dem Licht zu suchen, das Leben in Fülle schenkt. „Es gibt nichts Schöneres, als Christus zu kennen und den anderen die Freundschaft mit ihm zu schenken" *(Predigt zur Amtseinführung* 24. April 2005). Aus dieser Erfahrung wächst schließlich die Gewißheit: „Wo Gott ist, da ist Zukunft!" Wo Gott zugegen ist, da ist Hoffnung und da eröffnen sich neue, oft ungeahnte Perspektiven, die über den Tag und das nur Kurzlebige hinausreichen. In diesem Sinne begleite ich in Gedanken und im Gebet den Weg der Kirche in Deutschland.

Erfüllt von den eindrucksvollen Erlebnissen und Erinnerungen an diese Tage in der Heimat kehre ich nun nach Rom zurück. Mit der Zusicherung meines Gebets für Sie alle und für eine gute Zukunft unseres Landes in Frieden und Freiheit sage ich zum Abschied ein herzliches Vergelt's Gott. Der Herr segne Sie alle!

Eine viertägige Reise, ein Marathonprogramm, in dessen Rahmen über 300.000 Deutsche „ihrem" Papst begegnen konnten, neigt sich dem Ende zu. Verabschiedet vom Bundespräsidenten, richtet Benedikt noch einmal das Wort an die Deutschen, um ihnen seinen Dank auszusprechen und die Stationen seiner Reise Revue passieren zu lassen. Doch auch diese Rede endet nicht ohne ein Wort der Ermutigung an die Gläubigen, sich nicht beirren zu lassen, sondern auch weiterhin mit Gottes Hilfe aktiv die Zukunft ihres Landes zu gestalten.

Um 19.15 Uhr hebt der Lufthansa Airbus A321 „Regensburg" mit dem päpstlichen Wappen neben der Tür und rund hundert Fluggästen – dem Papst, seinem Seguito und den Medienvertretern aus aller Welt – ab. Doch noch bevor sie den deutschen Luftraum verläßt, diktiert Benedikt XVI. ein Abschiedstelegramm an den Bundespräsidenten:

SEINER EXZELLENZ HERRN CHRISTIAN WULFF
PRAESIDENT DER BUNDESREPUBLIK DEUTSCHLAND BERLIN

AUF MEINEM RUECKFLUG VON LAHR NACH ROM KEHREN MEINE GEDANKEN ZU DEN STATI-
ONEN DES BESUCHES IN MEINER HEIMAT DEUTSCHLAND ZURUECK [STOP] IN ERINNERUNG
AN DIE SCHOENEN TAGE ENTBIETE ICH IHNEN SEHR GEEHRTER HERR BUNDESPRAESI-
DENT SOWIE ALLEN BUERGERINNEN UND MITBUERGERN FUER DIE HERZLICHE AUFNAH-
ME MEINEN AUFRICHTIGEN DANK [STOP] GERNE BEGLEITE ICH SIE UND ALLE MENSCHEN
IN DER BUNDESREPUBLIK DEUTSCHLAND MIT MEINEM GEBET UND ERBITTE IHNEN ALLEN
VON HERZEN GOTTES REICHEN SEGEN

Bildnachweise

KNA: 12/13, 15, 17, 19, 21, 23, 27, 29, 33, 35, 36/37, 43, 44/45, 47, 51, 52, 53, 54/55, 57, 60, 61, 63, 65, 67, 68/69, 70/71, 73, 74, 75, 78/79, 84 (unten), 85, 87, 88/89, 91, 92, 93 (oben), 95, 97 (oben), 99, 100, 101, 103, 105, 107, 108–111, 113, 115, 118–121, 123, 124, 126, 127, 130, 131 (oben), 133 (oben), 135, 138, 141, 143

Servizio Fotografico dell'Osservatore Romano: 7, 9, 11, 38/39, 77, 97 (unten)

Michael Hesemann: 31, 80/81, 83 (oben), 117

Christoph Hurnaus/papstfoto.com: 41

Robert Ischwang: 133 (unten)

Michael Hoffmann: 93 (unten), 121 (oben)

Weihbischof Anton Losinger: 131 (unten)

In der gleichen Ausstattung:

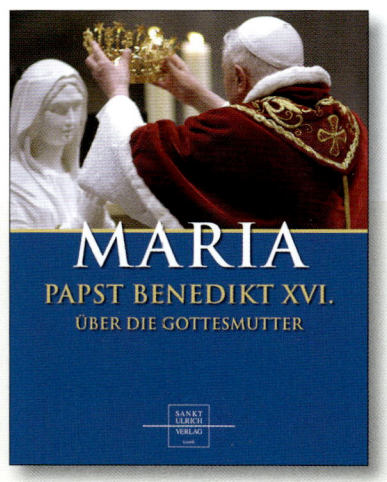

MARIA
Papst Benedikt XVI.
über die Gottesmutter Maria
Geb., 168 Seiten
ISBN: 978-3-86744-045-5

LEBEN UND LIEBE
Benedikt XVI. über Ehe und Familie
Geb., 160 Seiten, zahlr. farb. Abb.
ISBN: 978-3-86744-051-6

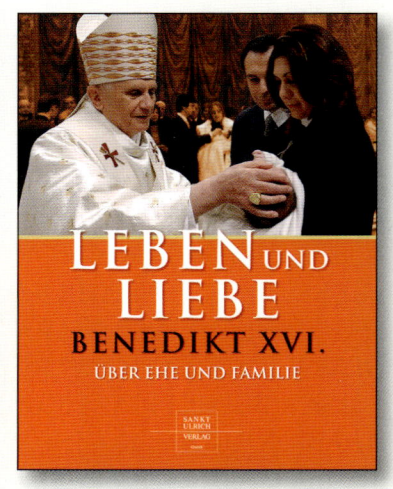

www.sankt-ulrich-verlag.de

Sankt Ulrich Verlag